Christina Schöffler

Slow
living

Aus der
Ruhe leben

52 Impulse für
Sonntags-Entdecker

GerthMedien

Inhaltsverzeichnis

Auf ein Wort! (Die Reiseroute)

Liebe Leserinnen, liebe Leser!

Wir machen unglaublich gerne Urlaub in Holland. Genauer gesagt auf der Halbinsel Zeeland. Wir mögen das Land und die Menschen dort. Ich finde ja, man erkennt holländische Familien schon von Weitem am entspannten Umgang mit ihren Kindern.

Als wir vor einigen Jahren auf dem *Freakstock* waren, einem alternativen christlichen Festival, hat mitten in der Nacht eine Familie ihr Zelt neben unserem aufgeschlagen. Wir bekamen kaum etwas davon mit. Wahrscheinlich, weil die Kinder und Eltern im Nachbarzelt auf der anderen Seite so viel geschrien haben. Als wir am Morgen genervt aus dem Zelt torkelten, sahen wir das neu angekommene Paar mit seinem strubbelig blonden Nachwuchs völlig entspannt beim Frühstück unter seinem Vorzelt sitzen. Ich sagte zu meinem Mann Heio: „Wetten, das sind Holländer?" Die Wette habe ich gewonnen.

Holland ist also in mehrfacher Hinsicht mein Sehnsuchtsort, an dem das gute Leben zu finden ist.

Es gibt dabei nur ein Problem: Um an unser entspanntes, holländisches Küstenörtchen zu kommen, müssen wir zuvor durch Belgien reisen. Genauer gesagt: durch Antwerpen. Entschuldigt, liebe Antwerpener, ich bin sicher, ihr habt eine wunderschöne Stadt! Aber die Verkehrsführung für Durchreisende ist wirklich sehr, sehr schwierig! Jedes Mal studieren wir vorher die Karte (unser Navi gibt nämlich grundsätzlich den Geist auf, kurz nachdem wir die belgische Grenze überquert haben). Wir prägen uns die Richtungen ein, in die wir NICHT fahren wollen. Wir meditieren über den Städtenamen, die wir anpeilen müssen. Unsere Zuversicht am Anfang der Reise ist jedes Mal groß, aber sie schmilzt mit jedem zurückgelegten Kilometer dahin und ist kurz vor Antwerpen nur noch ein nasser Fleck in unseren Achselhöhlen. Wenn wir nur die ersten Hinweisschilder auf diese Stadt sehen, verlieren wir schon die Nerven und fangen an, über den richtigen Weg zu streiten. Inzwischen haben wir uns dort so oft verfahren, dass uns jede größere Straße und jeder Stadtteil vertraut vorkommt. Deshalb ist der Ausruf: „Hier kommt es mir aber bekannt vor!", keineswegs hoffnungsvoll zu verstehen.

Letztes Jahr war es nun wieder so weit. Wir sind Richtung Holland aufgebrochen. Und was soll ich sagen: Zum aller-, allerersten Mal haben wir es durch Belgien geschafft, ohne uns zu verfahren! Wir konnten unser Glück kaum fassen! Wir denken darüber nach, Reiseführer für Antwerpen zu schreiben, um unser ganzes Wissen von verlockenden Wegweisern, denen man bitte NIEMALS folgen darf, und Raststätten, die man besser umgehen sollte, weiterzugeben. Auf sehr mühsame Art und Weise sind wir zu Experten geworden, wie man durch Antwerpen nach Holland kommt.

Auf eine ganz ähnliche Art und Weise empfinde ich mich als Expertin, um über ein Leben aus der Ruhe und über den Sonntag zu schreiben. Meine Kompetenz liegt in einem halben Leben Unruhe und dem Gefühl, ständig überfordert zu sein. Außerdem bin ich wahrscheinlich die unentspannteste Person, die du dir nur vorstellen kannst. Dann hätte ich noch zwei Burn-outs im Gepäck (keine Ahnung, ob das die korrekte Pluralform ist – aber mir hat einer nicht gereicht!) und Migräneanfälle, die meistens dann gehäuft auftreten, wenn ich mich gestresst fühle. Ich habe SEHR HÄUFIG Migräne. Kurz gesagt: Bei diesem Thema bin ich also ungefähr so kompetent wie unser Navi kurz vor Antwerpen.

Allerdings bringe ich eine nicht zu unterschätzende Fähigkeit mit: Ich kenne mich sehr gut mit den falschen Abzweigungen aus! Ich könnte dir auf der Stelle einige

Tipps sagen, wie du die Dinge angehen musst, damit du in einigen Monaten – nein, in ein paar Wochen schon – erschöpft zusammenbrichst und garantiert NICHT in einem holländisch entspannten Küstendörfchen namens *Slow-Living* landest. Man könnte auch sagen: Ich bringe die nötige Verzweiflung und den erforderlichen Leidensdruck mit. Seit Jahren lese, höre und inhaliere ich alles, was ich zum Thema „Ruhe" finden kann. Und dabei bin ich auch irgendwann beim Sonntag gelandet, inklusive der Beschäftigung mit dem jüdischen Schabbat. Das war ein wichtiger Richtungsweiser für mich! Auch hier stand am Anfang die pure Verzweiflung. Ein emotionaler Zusammenbruch auf unserem alten Sofa, neben meinem Mann sitzend, an einem Sonntagabend (Gott sei Dank habe ich einen sehr ruhigen und entspannten Mann!), bei dem ich ausrief: „So kann es nicht weitergehen! An unseren Sonntagen MUSS sich etwas ändern! Die Woche hat noch nicht mal angefangen, und ich bin schon völlig fertig!" Das ist nun schon einige Jahre her. Und seither versuchen wir – in Babyschritten! –, den Sonntag zu heiligen und unser Leben zu entschleunigen. Der Sonntag ist – um im Bild zu bleiben – das Antwerpen zum ruhigen Leben: Wenn du eine gute Route durch diesen Tag findest, dann übst du dich zunehmend an den restlichen Wochentagen in holländischer Gelassenheit.

Somit bin ich also beim *slow living*, dem langsameren Leben, gelandet. Ein angesagter Überbegriff für so ziemlich alles, was man gerade unter einem hippen, alternativen Lebensstil finden kann. Minimalismus, *slow travelling, slow food,* und – ich bin mir sicher – bald gibt es auch *slow shopping* (Hallo, Tante-Emma-Läden! Wir haben euch vermisst!), *slow writing* und *slow reading*. (Letzteres schlage ich übrigens von Herzen für die folgenden Texte vor!)

Bei *slow living* handelt es sich allerdings nicht um eine besonders langsame Lebensart. Sondern es geht einfach darum, das angemessene Lebenstempo zu finden. So, wie sich unser Schöpfer das für uns gedacht hat. Im Rhythmus von Arbeit und Ruhe. Saat und Ernte. Ein- und Ausatmen.

Ich will mit diesem Buch keinesfalls ein Ideal aufstellen, das wir uns nun zusätzlich zu den vielen anderen Ansprüchen des Lebens noch aufladen müssen. Es ist auch keine To-do-Liste, die – in der richtigen Reihenfolge abgehakt – zum Erfolg führen wird. Die kleinen Texte, Gedanken und Geschichten wollen einfach Inspiration und Wegbegleiter sein; ein paar hoffentlich hilfreiche Hinweisschilder am Wegrand, die Lust dazu machen wollen, das Leben in eine gute Richtung zu lenken. Und der Sonntag – bzw. der Schabbat – ist dabei wie eine Standortbestimmung. Der Ort, von dem aus wir uns immer wieder gemeinsam auf den Weg machen können.

(Deshalb drehen sich die ersten Kapitel des Buches auch um die Besonderheit dieses Tages.)

Insgesamt hat dieses Buch 52 Kapitel – eins für jeden Sonntag im Jahr. Obwohl es als Sonntagsbegleiter gedacht ist, kann man es natürlich auch an jedem beliebigen Tag der Woche lesen. Eigentlich bietet es sich immer dann an, dieses Buch zur Hand zu nehmen, wenn man sich mal für ein paar Minuten aus dem Alltag ausklinken und es sich auf seinem Lieblingssessel bequem machen möchte.

Ich schreibe diese Seiten mit freudig klopfendem Herzen, auch um mir selbst die Richtung vor Augen zu halten, in die ich leben will. Denn es ist gut, etwas in der Hand zu halten, wenn man so vergesslich ist, wie ich es bin.

Wenn ich es mir richtig überlege, weiß ich nämlich jetzt schon wieder nicht mehr, ob man Richtung *Antwerpen Haven* fahren muss, um nach Holland zu kommen, oder eben genau dorthin NICHT fahren sollte! Ich hoffe, ihr findet es raus. Ich wünsche euch jedenfalls viel Freude beim entspannten Blättern in diesem Buch. Habt eine gute Reise! Und falls heute ein Sonntag, Feiertag oder Ruhetag für euch ist: Schabbat Schalom!

1. TEIL

Ein besonderer Tag

01 Der erste Tag

Beginnen wir mit dem Sonntag. Und warum wir Christen gerade diesen Tag (und nicht den Schabbat) feiern. Die schlichte Erklärung ist: Es ist der Tag, an dem Jesus auferstanden ist! Deshalb haben sich die ersten Christen zusätzlich zum Schabbat noch ein gemeinsames Festessen, inklusive Abendmahl, am sogenannten „Tag des Herrn" gegönnt. Papst Benedikt XVI. schreibt darüber:

„Für mich ist die Feier des Herrentages, die zur christlichen Gemeinde von Anfang an gehört, einer der stärksten Beweise dafür, dass an jenem Tag Außergewöhnliches geschehen ist – die Entdeckung des leeren Grabes und die Begegnung mit dem auferstandenen Herrn."[1]

321 n. Chr. wurde dieser erste Tag der Woche von Kaiser Konstantin offiziell zum Ruhetag im gesamten Römischen Reich erklärt. Und seither feiern die Christen in aller Welt vor den sechs Arbeitstagen ein kleines Osterfest: den Sonntag!

Dieser Rhythmus wurde immer mal wieder infrage gestellt. Braucht es denn alle sieben Tage so einen Ruhetag? (Wie unwirtschaftlich!) In der Französischen Revolution etwa versuchte man, den freien Tag ganz unter den Tisch fallen zu lassen, und bezeichnete den Sonntag als gewöhnlichen Werktag. Und auch in der Sowjetunion hielt man einen Ruhetag nach sechs Arbeitstagen für wenig sinnvoll. Jeder 10. Tag als Ruhetag müsste doch auch reichen, meinte man. Aber trotz verschiedener Änderungsversuche zu den unterschiedlichsten Zeiten fiel der Ruhetag immer wieder in den 7-Tage-Rhythmus zurück. Als hätte das jemand in uns einfach so angelegt ...

Im deutschen Grundgesetz ist der Sonntag als „Tag zur seelischen Erhebung" (Artikel 140) geschützt. Und bis 1976 galt er als erster Tag der Woche. Dann rutschte er nach hinten durch. Nach der ISO 8601 (der internationalen Empfehlung zur Zeitangabe – so was gibt es tatsächlich!) ist der Sonntag nun offiziell der letzte Tag der Woche, und der Montag ruft laut: „Erster!" Ich finde, das sagt viel über unsere Leistungsgesellschaft. Erst musst du etwas tun! Zuerst muss sechs Tage lang gearbeitet werden. Danach haben wir uns erst das Recht zum Ausruhen verdient. Leider ist da ganz oft nicht mehr viel zu spüren von der gesetzlich verankerten „seelischen Erhebung", sondern es ist oft genug ein erschöpftes Zusammensinken nach viel zu viel Arbeit.

Aber wir Christen – so subversiv wir in dieser Sache nur sein können – belassen deshalb still und leise immer noch den Sonntag an der ersten Stelle! Zuerst ist Jesus auferstanden! Zuerst rief er: „Es ist vollbracht!" Vorher rühren wir keinen Finger. Zuerst feiern wir dieses Wunder zusammen. Zuerst staunen wir über die Tatsache, dass wir so dermaßen geliebt sind, alle miteinander! Wir wurden ins Dasein geliebt und wir werden geliebt – einfach, weil wir da sind. Was für eine unfassbar wunderbare Sache! Gottes Liebe ist keine Antwort auf unsere Leistungen! Immer, immer sind wir zuerst geliebt! Der Auferstandene kommt uns am ersten Tag der Woche mit offenen Armen entgegen. Und an den sechs Tagen, die darauf folgen, versuchen wir einfach, irgendwie unsere Dankbarkeit dafür auszudrücken.

Sonntagsfrühstück

An unser aller erster Morgen,
nach der ersten Nacht im Paradies,
weckte uns der Schöpfer
mit dem Frühstückstablett in der Hand
und den Worten:
„Heute ist unser freier Tag!
Heute genießen wir den Garten.
Und das gute Wetter.
Und wir staunen über die Tiere, die noch
keine Namen haben.
Darüber mach dir aber bitte erst morgen Gedanken.
Heute tun wir nämlich nichts.
Außer das Gute genießen.

Und uns aneinander freuen."
Und dann strahlte er uns an,
die wir einfach nur da waren,
und sagte laut:
„Sehr gut!"
Und flüsterte:
„Ich liebe dich."
Dann lehnte er sich zufrieden zurück und meinte:
„Ab jetzt soll das so sein.
Jeden siebten Tag.
Vor der ganzen Arbeit
da nehmen wir uns frei.
Und fürs Frühstück sorge ich."

Erst das Vergnügen

„Erst die Arbeit, dann das Vergnügen." Diesen Satz haben die meisten von uns schon zur Genüge gehört. Und als Mutter eines Elfjährigen, den man oft nur mit einer entsprechenden Belohnung am Ende zum Mithelfen locken kann, muss ich zugeben, dass dieser Satz durchaus seine Berechtigung hat. Aber was wäre, wenn wir ihn ab und zu einfach mal umdrehen würden? (Zur Verwirrung des elfjährigen Kindes in uns!) Wir könnten das mit unseren Kindern, unseren Weggefährten und Gemeindemitgliedern immer mal wieder so richtig zelebrieren: Erst das Vergnügen, und anschließend arbeiten wir zusammen! „Das geht doch nicht!", ruft alles in mir.

„Und warum nicht?", lacht unser Schöpfer. Man kann die Welt doch ab und zu ein bisschen auf den Kopf – oder wieder auf die Beine! – stellen und sich daran erinnern: Das Feiern und das Liebhabenlassen steht bei Gott nicht als Belohnung am Ende der Strecke, sondern es ist der Ausgangspunkt.

02 Ein gesegneter Tag

Meine Kindheitserinnerungen an unsere Sonntage sind wenig konkret. Es ist eher ein diffuses Gemisch aus vielen kleinen Momenten: das schlecht sitzende Sonntagskleidchen über der kratzigen Strumpfhose. Die polierten Kirchenbänke und die bunten Mosaikfenster, durch die das warme Licht fiel. Der Duft von Tannenzweigen und der weiche Waldboden, über den wir Sonntag für Sonntag spaziert sind. Das Kaffeetassengeklapper und das Spulen der Kassetten, die durch die Kopiermaschine liefen. (Mein Vater war dafür zuständig, den Gottesdienst für die Alten und Kranken unserer Gemeinde, die nicht mehr zur Kirche kommen konnten, aufzunehmen.) Ich kann nicht einmal genau sagen, ob ich unsere Sonntage besonders mochte. Sie haben sich auf jeden Fall vom Rest der Woche abgehoben. Der Tag war ruhiger. Die Stunden waren geräumiger. Vieles war wie auf Zeitlupe geschaltet. Am späteren Nachmittag begann mein Vater, angespannt Richtung Montag zu schauen. Er hatte in unserem Dorf einen kleinen Uhrenladen, und auch wenn er leidenschaftlich gerne alte Uhren wieder zum Laufen brachte, der Verkauf und die ganze Verantwortung eines eigenen Ladens waren ihm eine Last. Und die legte sich – für uns alle ganz spürbar – am Ende des Sonntags wieder auf ihn. Ganz anders war der Samstagabend. Da war mein Vater völlig entspannt und zu jedem Schabernack aufgelegt. Und auch wir Kinder wussten, dass am kommenden Morgen nicht das Erschrecken über vergessene Hausaufgaben auf uns wartete. Es war dieser Abend *vor* dem Sonntag, der für mich immer vollgepackt war mit dem guten Leben. Der Schulranzen wurde zur Seite gestellt, mein Vater kam mit großen Schritten und leichtem Herzen von der Arbeit, und meine Mutter stellte Kaba und warme Brezeln auf den Tisch. (Bis heute ein Festessen für mich!) Der Höhepunkt eines Samstags war, wenn wir gemeinsam auf dem Sofa „Wetten dass …?" anschauen durften. Der Blick zur Uhr fiel an diesem Abend aus. Irgendwann, wenn wir ausreichend müde waren, brachte uns mein Papa Huckepack Richtung Bett. Vor Freude quietschend saßen wir auf seinen Schultern und versuchten, uns im wilden Galopp oben zu halten, bevor wir glücklich in unseren weichen Betten landeten.

Viele Jahre später habe ich erfahren, dass der Schabbat-Tag bei den Juden am Vorabend beginnt. Am Esstisch. Im Kerzenschein. Mit einem erhobenen Weinglas und dem Segnen der Kinder. Und genau so war es bei uns: Der Abend vor dem Ruhetag – das war der Segen! Dieses unbeschwerte Zusammensein. Diese einfachen und doch so besonderen Dinge. Die warme Brezel in der Hand, eingekeilt auf dem Sofa zwischen meiner Schwester und meiner Mutter. Die Ausgelassenheit meines Vaters. Das glückliche Ins-Bett-Sinken ohne den sorgenvollen Blick zur Uhr. Hier sind meine dichtesten Kindheitsmomente von großer Geborgenheit. Vom Geliebtsein. Und von einer Ahnung, wie das sein könnte, sorglos wie ein Kind zwischen den Schultern Gottes zu wohnen.[2]

> *„Am Schabbat nehmen wir uns Zeit, unsere Kinder zu segnen.*
> *Wir legen unsere Hände auf ihren Kopf, unsere Finger in ihre Haare.*
> *Wir beten für Kraft und Mut und Freude in ihrem Leben.*
> *Wir ruhen mit ihnen.*
> *Wir hören ihren Geschichten zu, ihren Sorgen und ihrem Lachen, und wir erinnern uns daran, wem sie gehören.*
> *Alle Videospiele des Universums, alle Kleidung und CDs können diese segnende Hand auf ihrem Kopf nicht ersetzen." (Wayne Muller)* [3]

Gutes empfangen und Gutes aussprechen

Segnen heißt auf Lateinisch *bene dicere*. Wörtlich übersetzt: Gutes sprechen. Wäre es nicht schön, wenn wir die Gelegenheiten, einander zu segnen, ganz bewusst und regelmäßig ergreifen würden? Vor einem gemeinsamen Essen, vielleicht sogar am Samstagabend? Wir könnten uns die Gewohnheit aneignen, über unseren Kindern oder den Nachbarskindern oder den Kindern von Freunden – ach, einfach über jedem Kinderkopf, der sich uns gerade hinhält – Gutes auszusprechen. Wir sagen ihnen, was wir an Schönem und Staunenswertem sehen, wenn wir sie anschauen. Und sprechen ihnen zu, dass sie geliebt sind. So wie sie sind. Jeder Segen, den wir erleben und weitergeben, ist wie ein kleiner Schabbat, der unser Leben auf stille Weise prägen kann.

Auch wenn wir allein sind und keine Kinder um uns haben, dann können wir Gott ganz kindlich bitten: Segne mich! Und dann dürfen wir ins Bett sinken. Ohne den sorgenvollen Blick zur Uhr.

03 Ein Tag für den Herrn

„Hoch die Hände – Wochenende!" So rufen es die Kinder unserer Freunde voller Freude, wenn sie am Freitagmittag von der Schule nach Hause kommen. Auch von der Radiomoderatorin unseres regionalen Senders habe ich nun schon öfters diesen Spruch gehört. Dort wird oft schon ab Mitte der Woche darauf hingewiesen: Haltet durch, das Wochenende naht! Bald können wir ausschlafen, Party machen, Hobbys nachgehen oder ins Sprudelbad sinken – je nach Lust und Laune. Was dabei auffällt: Der Sonntag ist im Wochenende untergegangen. (Kaum jemand wünscht sich noch einen guten Sonntag!) Und auch das: Das Wochenende steht dafür, dass ich endlich mal tun kann, was ICH will – nach einer Woche, in der ich vor allem das getan habe, was mein Arbeitgeber, Lehrer oder sonst wer von mir wollte. Ganz anders klingt es da, was Gott über den Feiertag sagt:

„Sechs Tage sollst du schaffen und deine Arbeit tun. Aber der siebte Tag ist ein Schabbat für den Herrn, deinen Gott!" (2. Mose 20,9–10).

Das ist das große Vorzeichen, unter dem der Schabbat steht: für den Herrn, deinen Gott! Man kann es nicht anders sagen: Wenn ich den Ruhetag zuallererst als einen Tag betrachte, an dem ICH mir jetzt endlich mal etwas Gutes tun kann, dann ist das aus biblischer Sicht verfehlt. Viel eher geht es darum, die Liebe zu Gott – wie in den 10 Geboten – an die erste Stelle zu setzen! „Auf, mein Freund, der Braut entgegen", heißt es in dem Lied, das in der Synagoge gesungen wird, und alles wendet sich zur offenen Tür, um diese Braut – den Schabbat! – voller Freude zu empfangen. Es ist dieses Bild von einer erwartungsfrohen, hingegebenen Liebe, das den Schabbat umgibt. Damit erinnert sich das Volk Gottes an seine tiefste Identität, nämlich, dass es zum Herrn gehört! Vielleicht schrieb der jüdische Aktivist und Journalist Achad Ha'am deshalb im 19. Jahrhundert diese bekannten Worte:

„Nicht die Juden halten den Schabbat, sondern der Schabbat hält die Juden."

Schon in den biblischen Geschichten kann man es nachlesen: Wann immer die Israeliten den Schabbat vernachlässigten, verloren sie das Bewusstsein dafür, zu wem sie gehörten. Andere Götter wurden attraktiver, und am Ende wurden sie zu Sklaven fremder Völker. Deshalb Schabbat. Deshalb auch der Sonntag: Um uns daran zu erinnern, worin unsere tiefste Identität liegt: Nicht darin, was wir leisten und TUN, sondern vielmehr darin, wer wir sind und zu wem wir gehören. Wenigstens einmal die Woche sollten wir uns losreißen von allem, was an uns zerrt, was Besitz von uns ergreifen möchte. Der Religionsphilosoph Abraham Joshua Heschel schreibt über den Schabbat:

„Sechs Tage der Woche kämpfen wir mit der Welt, ringen wir dem Boden seinen Ertrag ab; am Schabbat gilt unsere Sorge vor allem der Saat der Ewigkeit, die in unsere Seele gesenkt ist. Unsere Hände gehören der Welt, aber unsere Seele gehört einem anderen!"[4]

Unsere Hände mögen der Welt gehören. Sechs Tage mühen wir uns, gehen einer Arbeit nach, die uns mal mehr, mal weniger Freude macht. Aber am Ende muss ich mich nicht um die Dinge der Welt und erst recht nicht um mich selbst drehen! Allem, was mich knechten will, allen Antreibern meines Lebens will ich regelmäßig sagen: Ich gehöre dem Herrn! Diese wunderbare Tatsache soll mein Herz immer wieder neu erfüllen. Und dann kann ich auch glücklich in ein Entspannungsbad sinken – mit dem frohen Wunsch: Hoch die Tassen: Lieben lassen!

Ruhe- und Freiheitskerze

Vor dem Schabbat-Essen werden meistens zwei Kerzen angezündet. Sie stehen für *Schamor* und *Sachor*: „hüte" und „gedenke". Hüte den Sabbat! Bewahre Gottes Gebot zu ruhen, sagt die erste Flamme. Das zweite Licht verkündet: Gedenke, dass du Sklave in Ägypten warst und dass der Herr dich mit starker Hand von dort heraufgeführt hat (5. Mose 5,15). Manche bezeichnen die Lichter deshalb auch als Ruhekerze und als Freiheitskerze. Ihr Lichtschein verkündet: Vergesst nicht, dass ihr freie Menschen seid! Und vergesst nicht, in der Liebe desjenigen zu ruhen, der euch befreit hat.

Mich erinnern

Ich feiere den Sonntag gerne im Kreis der Menschen, die mit mir gemeinsam diesem Gott nachfolgen wollen. Gegenseitig erinnern wir uns daran – Woche für Woche –, wem unsere Herzen gehören. Und aus den Händen meiner Geschwister empfange ich auch das Abendmahl. Hier ist unsere Identität: Wir sind geliebt. Uns ist vergeben. Wir sind befreit von Schuld und allem, was unsere Tage in Unruhe versetzen möchte. Walter Brueggemann schreibt in seinem Buch „*Sabbath as Resistance*" (Sabbath als Widerstand), dass wir den Pharao und alle anderen Herrscher dieser Welt niemals zufriedenstellen können. Im Gegenteil: Sie fordern immer noch mehr von uns.[5] Aber Jesus hat uns freigekauft! Wir schulden den Sklaventreibern dieser Welt keinen Cent mehr! Aus dieser inneren Freiheit will ich lernen zu leben.

04 Ein heiliger Tag

Und Gott segnete den siebten Tag und nannte ihn heilig.
(1. Mose 2,3)

Die Vorstellung, dass Gott einen Tag ausgewählt und ihn gesegnet und heilig genannt hat, mag manchen von uns schwerfallen. Aber genau so steht es im Schöpfungsbericht. Barbara Brown Taylor schreibt dazu: *„Gott nannte den siebten Tag nicht gut. Auch nicht sehr gut. Er nannte ihn: Heilig.“*[6]

Es ist, als würde Gott mit diesem Begriff eine ganz neue Zeit bestimmen und erschaffen. Aber was ist dann mit den vielen anderen Tagen, die in der Summe den größten Teil unseres Lebens ausmachen? Sind sie etwa „unheilig“? Ist es nicht so, dass Gottes Gegenwart *jeden* Moment heiligt – auch mitten im Alltag?

Hier hilft mir der Blick auf das jüdische Verständnis des Schabbats, das in dem Gedanken wurzelt, dass die Schöpfung der Welt nur dadurch möglich wurde, dass Verschiedenartiges voneinander getrennt wurde[7]: Tag und Nacht. Land und Wasser. Und den Schabbat von den Wochentagen. Alles wirkt zusammen in einem großen

Lebensrhythmus. Und so, wie das Wasser auf Land trifft, berühren das Heilige und das Besondere auch immer unseren Alltag. Wir alle kennen solche Momente: Etwas berührt uns. Wir werden „durchlässig". Für Schönheit. Für Trost. Für die Liebe. Der Auslöser kann ein Lied sein, ein Wort, eine Atmosphäre, die uns plötzlich überwältigt. Es kann der Anblick eines Gemäldes sein, ein Film, ein Abschnitt in einem Buch oder die unbeschwerte Stimmung bei einem Essen mit Freunden. Plötzlich steigen uns Tränen in die Augen oder wir brechen unerwartet in befreiendes Lachen aus. Wir spüren: Hier, in diesem Moment, rührt gerade etwas an unserem Herz. Für manche von uns ist es eine ganz bestimmte Jahreszeit, in der wir empfänglicher sind für das gute Leben, das von Gott kommt. Oder es ist ein jährlicher Feiertag, der unser Herz auf besondere Weise öffnet. All das sind Tage, Stunden und Momente, in denen wir etwas davon erleben, was Abraham Heschel als das Geschenk des Schabbats bezeichnet hat: *Die Heiligkeit in der Zeit.*"[8] Es ist gut, wenn wir diese gesegneten Momente im Leben erkennen und ihnen unsere besondere Aufmerksamkeit schenken. Sie sagen uns etwas darüber, wer wir sind und was uns zutiefst lebendig macht. Und sie sagen uns etwas über unseren Ursprung, diesen ersten Schöpfungstag und das Geschenk von „heiliger Zeit".

Qualitätszeit mit Papa

Wenn Gott uns einen Tag schenkt, den er geheiligt hat, dann höre ich darin die Sehnsucht eines Vaters, der sich Zeit mit seinen Kindern wünscht. Und er bekräftigte diesen Wunsch und dieses Gebot seinem Volk gegenüber immer wieder: Diese Zeit ist mir heilig! Es ist meine Qualitätszeit mit euch! An diesem Tag schenke ich euch Zeit. Zeit mit mir. (Ich glaube ja, wenn Gott eine Liebessprache hat, dann ist es diese: Zeit zusammen verbringen.) An diesem Tag dürfen wir die Geschenke auspacken, die er für uns hingelegt hat. Zusammen mit unserem himmlischen Papa betrachten wir das Gute und Schöne, das uns umgibt, und wir dürfen in seiner liebevollen Nähe auch den Schmerz zulassen, der uns bedrückt. Wir genießen die Gemeinschaft mit anderen, wir feiern das Abendmahl und lassen uns Gottes Wort zusprechen. Wir gönnen uns Gutes und tun die Dinge, die uns froh und lebendig machen. Wir öffnen unser Herz einen Tag lang für heilige Momente. Wir können sie nicht machen. Aber wir nehmen uns die Zeit dafür, dass sie möglich werden.

Zeiten erkennen

Als Gott die „Lichter am Himmel" erschaffen hat und Tag und Nacht entstand, heißt es im Schöpfungsbericht, dass sie zur Bestimmung von Zeiten dienen sollen (1. Mose 1,15). Man könnte auch sagen: An diesem Tag hat Gott die Zeit für uns erschaffen. Eine Zeit, die wir unterschiedlich definieren – mit Tag und Nacht, heilig und profan – oder den zwei griechischen Begriffen: *chronos* und *kairos*. Chronos steht für den gewöhnlichen Zeitablauf, Kairos steht für die günstige, erfüllte Zeit, den richtigen Zeitpunkt. Wenn Jesus sagt: „Die Zeit *(kairos)* ist erfüllt und das Himmelreich ist nahe gekommen" (Markus 1,15), dann verkündet er, dass eine neue, günstige Zeit angebrochen ist. Es gibt auch solche Kairos-Momente und -Zeiten in unserem Leben. Wir spüren: *Jetzt* ist ein Neubeginn möglich, oder wir erleben eine besondere Gunst, etwas Bestimmtes zu tun. Es ist gut, immer mal wieder innezuhalten und sich zu fragen: In was für einer Zeit lebe ich gerade? Ist etwas reif geworden? Ist vielleicht gerade eine besondere Zeit der Nähe oder des Rückzugs, des Gebens oder des Nehmens? Ist es eine Zeit, aufzubrechen oder sich zu verwurzeln? Frieden zu schließen oder sich der Unruhe und den Fragen zu stellen? Alles hat seine Zeit. Und jede Zeit hat auch ihre Frucht. (Das gilt übrigens auch für unsere Freundschaften, Gemeinden, Ehen und für die Kinder, die wir großziehen.) Wer nach den geeigneten Zeiten fragt, lebt nicht getrieben und muss nichts erzwingen. Und er kann Dinge gut sein lassen für das, was JETZT ist.

05 Ein Ruhetag

Eine Zeit lang war es in meinem Freundeskreis ziemlich angesagt, coole Buttons auf der Jacke zu tragen. (Okay, das ist schon eine ganze Weile her ...) Einen dieser Buttons habe ich mal bei einem Besuch der Staatsgalerie in Stuttgart erworben. Darauf steht: „*Today I'll not buy anything!*"[9] Einen ganzen Tag lang nichts einkaufen – das fand ich eine tolle Idee! Leider konnte ich mir diesen Button sehr selten anstecken. Er macht mir nämlich bewusst, dass es tatsächlich sehr selten Tage gibt, an denen ich *nicht* denke, dass ich noch etwas brauche, und mich mit meinem Geldbeutel in der Hand auf den Weg mache. Noch schwieriger wäre es allerdings, wenn auf dem Button stehen würde: Heute arbeite ich nichts! Zumindest wenn die Arbeit im jüdischen Sinn gemeint ist. Der hebräische Begriff für Arbeit „*melacha*" bezeichnet jede Form von Veränderung an einem Produkt oder der Umwelt. Man kann es auch als „Grundarbeit" übersetzen. Die Rabbiner haben sich, anlehnend an den Arbeiten, die beim Bau der Stiftshütte zu erledigen waren, auf 39 Grundarbeiten geeinigt. Darunter solche Dinge wie: ernten, backen, nähen, knoten, auflösen von Knoten, bauen ... Jegliche Art von Arbeit lässt sich hier unter-bringen. So ist es zum Beispiel verboten, das Licht an-zuzünden, weil das zur Grundarbeit *Feuer machen* gehört. Das mag in unseren Ohren sehr gesetzlich klingen. Und tatsächlich gibt es strenge jüdische Gemeinschaften, bei denen die strikten Regulierungen im Vordergrund ihrer Glaubenspraxis stehen. Aber der ursprüngliche und auch sehr befreiende Gedanke hinter all diesen Ver-boten ist folgender: Schaffen wir es, an *einem* Tag in der Woche mal nichts zu verändern? Können wir einmal al-les gut sein lassen, so wie es ist? Kriegen wir es hin, für *einen* Tag unsere Hände stillzuhalten und anzuerkennen, dass Gott die Welt gemacht hat und nicht wir es sind, die sie am Laufen halten? Und – das gewinnt in diesen Tagen zunehmend an Aktualität – können wir auch die Schöp-fung mal in Ruhe lassen? Können wir aufhören, in den Kreislauf einzugreifen und Dinge zu verändern, die auf lange Sicht überhaupt nicht gut sind? Der Schabbat ver-kündet: Man muss loslassen, um zu sehen, was es wirk-lich braucht im Leben. Und für unsere Welt. Es braucht eine Pause vom Tun und Habenwollen, damit wir wieder verstehen, was *wirklich* getan werden muss und was wir *eigentlich* brauchen.

Eine Runde Ausruhen für alle!

„Du sollst an ihm (dem Schabbat) keine Arbeit tun, du und dein Sohn und deine Tochter und dein Sklave und deine Sklavin und dein Rind und dein Esel und all dein Vieh und der Fremde, der bei dir ist ... damit dein Sklave und deine Sklavin ruhen wie du." (5. Mose 5,14).

So hat es Gott ganz klar angewiesen. Nun könnte man sagen, dass die meisten unter uns mit an Sicherheit grenzender Wahrscheinlichkeit weder Sklaven noch Rinder haben. Aber wie ist das mit der Näherin in Bangladesch, die für einen Billiglohn sieben Tage die Woche für die Dinge schuften muss, die ich dann kaufe? Ich merke immer wieder: Das Ganze ist nicht so einfach. Wie es eine kluge Freundin von mir sagt: „Aus der Schuldnummer kommen wir nicht raus! Wir leben auf Kosten anderer." Das ist die Realität. Aber ich will nicht resigniert das Handtuch werfen, sondern zum Beispiel ebenjenes Handtuch genau betrachten: Wurden die Arbeiter, die es hergestellt haben, dafür so gut bezahlt, dass sie es am Sonntag ebenso genug sein lassen und sich einen *„Tag zur seelischen Erhebung"* genehmigen können? Das wäre zumindest mal ein Anfang, einem System zu widersprechen, das meine Unersättlichkeit ebenso benötigt wie die Menschen, die es bedienen.

Und trotzdem: Es wird auch bei uns immer Menschen geben, für die der Sonntag ein Arbeitstag ist. In meinem Beruf als Krankenschwester gehörte es einfach dazu, dass wir jeden zweiten Sonntag Dienst hatten. Den freien Tag konnten wir dann unter der Woche nachholen, was sich aber nie ganz so erholsam angefühlt hat wie ein freier Sonntag. Trotzdem habe ich die Sonntagsschicht als etwas Besonderes in Erinnerung: Oft war es ruhiger als unter der Woche. Jemand von uns hat Brötchen mitgebracht, und wir haben versucht, uns wenigstens kurz zu einem gemeinsamen Frühstück zusammenzusetzen. Und wir bekamen sonntags auch immer eine kleine finanzielle Extrazulage, was auch nicht schlecht war. So sollte es sein, wenn man sonntags arbeiten muss. Für alle!

Segen für Sonntagsarbeitende

Danke Gott
für Polizei und Tankstellenmitarbeiter,
für Feuerwehrleute und Busfahrer,
für Abschleppdienste und Notärzte,
für Pflegekräfte, Pfarrerinnen und Pfarrer
für Gastwirte und für alle Menschen, die es möglich machen, dass wir uns am Sonntag an einen gedeckten Tisch setzen können.
Schenke auch ihnen Erholung
und ein warmes Lächeln,
ein gutes Wort
und ein extra Trinkgeld
aus meiner Hand.

06 Ein Tag zum Genießen

Je mehr ich mich mit dem Schabbat beschäftige, umso klarer wird mir, dass für die Juden an diesem Tag nicht die Verbote im Mittelpunkt stehen, sondern das Feiern. Die Verbote sind nur die freundlichen Ordner, die dafür sorgen, dass die Hektik der Woche draußen bleibt und dass das Fest auch wirklich stattfinden kann. In der Entstehungsgeschichte des christlichen Sonntags war der Hauptfokus immer schon auf Gottesdienst und Abendmahl. Dank der Puritaner im 17. Jahrhundert wurde später auch das Ruhegebot (und damit das Arbeitsverbot) wichtig, aber der Gottesdienstbesuch blieb weiterhin die Hauptsache. Zeitweise hatte man sogar mit harten Konsequenzen zu rechnen, wenn man ihn versäumte. In der Synode von Südspanien (ca. 350 n. Chr.) wurde erklärt:

„Wenn jemand, der in der Stadt wohnt [also leichten Zugang zu einer Kirche hat], aber an drei Sonntagen nicht zur Kirche kommt, soll er für kurze Zeit ausgeschlossen werden, bis er [hinreichend] gemaßregelt zu sein scheint." Es gab auch in anderen Teilen der Welt immer wieder verschärfte Sonntagsregeln. Zum Beispiel steht in einer ungarischen Kirchenordnung aus dem Jahre 1016: *„Alle*

dem Gottesdienst Fernbleibenden sollen verprügelt und kahl geschoren werden!" [10] Das ist heute Gott sei Dank nicht mehr so! (Wir hätten viele Kahlgeschorene unter uns!) Aber für viele von uns, die im christlichen Umfeld aufgewachsen sind, war der Gottesdienst Pflichtprogramm, und der Sonntag alles in allem oft ein schrecklich langweiliger Tag, bei dem alles, was Spaß machte, verboten war. Die Ordner waren überall, aber weit und breit fand keine Party statt! Ich habe diese „Sonntagswächter" auch an unserer Kirchentür getroffen, als sie meine Schwester und ihre Freundin wütend angingen, weil sie es gewagt hatten, während des Gottesdienstes zu lachen. Ich habe sie in der Reihe hinter mir gespürt und ihre strenge Zurechtweisung erlebt: „Wieso faltest du die Hände nicht richtig beim Beten?" Es gibt leider zu jeder Zeit sehr religiöse Menschen, die für andere Gesetze aufstellen und dann darauf achten, dass sie auch eingehalten werden. Sie kauern in den Weizenfeldern und weisen die Hungrigen zurecht, die sich dort bedienen. (Im Markusevangelium wird berichtet, dass die Jünger Jesu von den Pharisäern streng zurechtgewiesen wurden, als sie am Schabbat beim Spaziergang durchs Ährenfeld ihren Hunger mit abgerissenen Körnern stillten. Sie verstießen damit gegen das Verbot von Grundarbeit – in diesem Fall: ernten und mahlen.) Die Gesetzeshüter stehen parat, wenn du ein unangemeldetes Fest feiern möchtest, sie schütteln den Kopf über unangemessene

Kleidung und „falsche" Musik und sind jederzeit bereit, beim kleinsten Fehltritt einzuschreiten. Es ist schwer, diese Wächter wieder loszuwerden. Sie nehmen in der hintersten Ecke deiner Gehirngänge Platz und raunen ständig so Sätze wie: „Ob das wohl richtig ist, was du da gerade tust?"

Jesus hat auch mit diesen strengen Ordnern Bekanntschaft gemacht. Zu ihren Vorwürfen sagte er einfach: *„Gott ist viel mehr an einem barmherzigen Umgang interessiert und an einem weichen und lenkbaren Herzen, als an einem unflexiblen frommen Ritual."*[11] Er legte den Fokus nicht aufs „Richtigmachen", sondern auf kindliches, unbekümmertes Vertrauen. Er verwehrte seinen hungrigen Jüngern am Schabbat ebenso wenig das Körnermahlen, wie er den Kranken seine Hilfe vorenthielt. Als er mit einer solchen Heilung am Schabbat eine spontane Party in der Synagoge auslöste, verkündete er den aufgebrachten Frommen: *„Der Mensch ist nicht für den Schabbat da, sondern der Schabbat ist für den Mensch da."*[12] Jesus wusste, wie man diesen Tag mit Genuss und Freude füllt!

Sonntagsverbote

Heidi schreibt mir, dass bei ihrer Oma das Stricken am Sonntag verboten war. Für sie war es Arbeit, die man unter der Woche erledigt (und für mich wäre stricken auch eine sehr anstrengende Arbeit!). Für Heidi ist es aber ein entspanntes Hobby. Ebenso wie einen leckeren Kuchen zu backen – was sie richtig gerne macht, wenn sie dafür Zeit hat. Eine andere Freundin werkelt gerade am Sonntag gern in ihrem Garten, weil es ihr guttut und ihre Seele entspannt, wenn sie ihre Hände genussvoll in die Erde stecken kann. Unser 11-jähriger Sohn geht am Feiertag am liebsten mit seinem Fußball spazieren. Natürlich kann man fragen: Wie weit geht die Freiheit? Wo tun wir uns nichts Gutes und wo fangen eben doch wieder Stress und Arbeit an? Ich denke, man darf das in der Nähe von Jesus ausprobieren. Einfach mal ins Weizenfeld greifen und schauen, was er dazu sagt. Oder seine Frage ins eigene Herz fallen lassen, die er in der Synagoge gestellt hat, bevor er die Hand des verkrüppelten Mannes heilte: *„Was meint ihr? Welche Handlung passt denn am besten zum Schabbat?"*[13]

Für dich

Für alle die, die von Wächtern umgeben waren.
Für alle, die sonntags in zu enge Schuhe
gequetscht wurden.
Für alle, die Verbote ohne Erklärungen
und Strenge ohne Liebe im Haus Gottes erlebt haben.
Für alle, denen dieses Haus zu eng und zu klein war
und die kaum Luft darin bekamen:
Jesus wartet auf den Feldern.
Er macht den Raum weit für dich.
Er streckt seine Arme aus und umarmt alles in dir:

alles, was du gerne sein willst,
alles, was du nie werden wolltest,
und alles, was du doch geworden bist.

Dich. Dich habe ich lieb, sagt er.

Und dann streckt er seine Hand aus
und heilt, was verkrüppelt wurde.

Er führt uns zu einer gedeckten Tafel
und lädt uns lächelnd ein, Platz zu nehmen.

Hast du Hunger?
Dann komm und iss!
Denn heute – heute ist ein Tag zum Genießen.

2. TEIL

Zur Ruhe finden

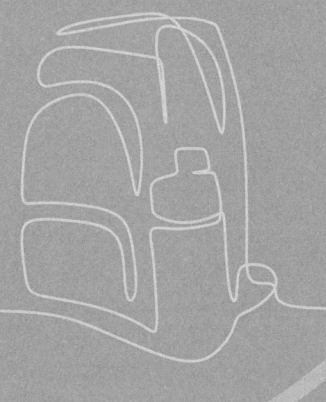

*„Zu dir hin, o Gott, hast du uns erschaffen,
und unruhig ist unser Herz, bis es ruht in dir."*
AUGUSTINUS

07 Wahren Reichtum erkennen

„Unruhig ist unser Herz", hat der Kirchenvater Augustinus geschrieben. Und wenn wir ein Leben aus der Ruhe anstreben, ist es gut anzuschauen, was uns heute, über 1500 Jahre später, alles antreibt und in Unruhe versetzen will.

„Zeit ist Geld!", hat Benjamin Franklin in seinem Buch „Ratschläge für junge Kaufleute" geschrieben. Dieser Satz wurde in vielen Sprachen zu einer bekannten Redewendung. „Zeit ist Geld" will uns sagen: Nutze die Zeit! Kauf sie aus! Sei effektiv! Und je schneller du etwas erledigen kannst, umso mehr kannst du verdienen! Effektivität ist der Antreiber unserer Leistungsgesellschaft. Zeit, die wir nicht effektiv nutzen – wofür wir keinen sinnvollen Gegenwert bekommen –, wird als „verschwendet" betrachtet. Länder, die wenig Einkommen und damit auch wenig Kaufkraft haben, werden als „arm" bezeichnet. Eine Gesellschaft, die dagegen viel Einkommen generiert und ihre Produkte effektiv vermarktet (sie also wiederum zu Geld macht!), gilt als „reich". Reich zu sein bedeutet, viel zu besitzen – das ist das Glaubensbekenntnis des Kapitalismus. Und: Besitz muss sich vermehren!

Wenn eine Firma nicht Jahr für Jahr mehr Umsatz macht, dann muss man sich schon Sorgen machen. Ganz anders klingen die Jesusworte: *„Was hilft es dem Menschen, wenn er die ganze Welt gewinnt und nimmt doch Schaden an seiner Seele?"* (Markus 8, 36).

Ja, was hilft es? Aber wer verzichtet schon freiwillig auf Wachstum? Wer gibt Einfluss, Wohlstand und „günstige Gelegenheiten" ab – für den Frieden seiner Seele? Wer kann sagen: „Jetzt ist es genug!" Das fällt mir zumindest sehr schwer. Und nicht wenige von uns mühen sich ab, einen Lebensstandard zu halten, der zu hoch für unser privates Vermögen und für das Vermögen dieser Erde ist. Wir tauschen Zeit gegen Geld und benötigen noch mehr Zeit, um uns Dinge von diesem Geld zu kaufen und diesen Besitz dann zu pflegen. Die sonntägliche Muße wurde durch Freizeitaktivitäten ersetzt, die oft genug auch wieder Geld kosten. Und ein neues (Un-)Wort wurde erfunden: der Freizeitstress. Wie in eine bereits überfüllte Badetasche quetschen wir Treffen, Hobbys und andere Aktivitäten in das Wochenende und in unsere ohnehin knapp bemessene freie Zeit. Viel zu oft treiben wir auf diesem Weg uns und unsere Kinder an und verlieren etwas Wertvolles: die Erkenntnis, was unseren Wert ausmacht. Und die klare Einsicht, was wahrer Reichtum wirklich bedeutet.

Was ist Reichtum?

Pro-Kopf-Einkommen.
Kaufkraft und Exportstärke.
Humankapital und Bruttoinlandsprodukt.

Gesundheit. Schlanke Schönheit.
Luxus. Erfolg.
Berühmtheit. Anerkennung.

Großes Haus.
Gut aussehender Partner.
Wohlgeratene Kinder.
Dickes Auto in der Garage.

Freundschaft. Lachen.
Ein Kinderkuss auf der Wange.
Hilfsbereitschaft. Freundlichkeit.
Die Berührung eines geliebten Menschen.

Musik. Natur. Bücher.
Zeit haben. Füße im Wasser baumeln lassen.
Regentropfen. Sonnenstrahlen.
Blumen und Zucchini aus dem Garten.
Frisch gebackenes Brot im Ofen.

Vergebung. Treue.
Bedingungslose Liebe.
Vertrauen. Ewige Hoffnung.

Was ist Reichtum?

Was macht dich reich?

Du entscheidest.

Gebet

Jesus, befreie uns vom Joch der Effektivität.
Befreie uns vom Anspruch der ständigen Nützlichkeit.
Befreie uns von den vielen Wünschen und der
Unersättlichkeit.

Bewahre uns vor Aufgaben, die unsere Gaben
übersteigen,
vor Einfluss, der unserem Sein schadet,
vor Wachstum, das verdrängt, was uns wirklich
wichtig ist,
vor Dingen, die uns knechten, wenn wir sie besitzen.
Bewahre uns davor, ein Leben zu führen, das zu groß ist
für das Verfassungsvermögen unserer Seelen.

Lehre uns, was wirklich wichtig ist.
Was Wert hat. Über unsere Zeit hinaus.

Unruhig ist unser Herz.
Schenke uns Ruhe in dir.
Amen.

08 Genug sein lassen

„Genug ist immer noch ein bisschen mehr, als man hat."
John D. Rockefeller, Ölmilliardär

Ein Wall-Street-Banker äußerte einmal diesen bemerkenswerten Satz:

„Wir müssen darauf hinarbeiten, dass das Verlangen der Menschen ihre wahren Bedürfnisse überschattet."

Genau darauf zielt letztlich die Werbung ab, die uns täglich umgibt. Sie vermittelt uns, dass Dinge eben nicht nur Dinge sind, sondern dass sie uns auch Wert und Identität geben. Der Umfang meines Kleiderschranks legt nahe, dass ich daran glaube. Apropos Kleiderschrank: Während meiner Beschäftigung mit unserem Konsumverhalten (also vor allem mit meiner eigenen Unersättlichkeit!) begegnete mir auch der „Diderot-Effekt". Das ist ein Begriff aus der Konsumforschung, der sich auf einen Essay bezieht, den Monsieur Denis Diderot im Jahr 1722 geschrieben hat: *„Gründe, meinem alten Hausrock nachzutrauern."* Darin berichtet der französische Schriftsteller, wie sehr ihn sein wunderschöner, neuer, scharlachroter Hausmantel plagt. Das elegante Kleidungsstück offenbarte ihm nämlich nun, dass seine Wohnung, die er bis dahin völlig in Ordnung fand, schäbig und armselig eingerichtet war. Die Aufwertung eines Details schuf in ihm große Unzufriedenheit mit dem Rest seines Lebens. Was ganz lustig klingt, ist tatsächlich bis heute eine häufig angewandte Strategie vieler Firmen: Sie wollen uns etwas verkaufen, was uns wiederum zum Kauf von noch mehr Dingen verleitet. Psychologen vermuten hinter diesem Konsumverhalten den menschlichen Wunsch, Harmonie herzustellen. Ich bin ein sehr harmoniebedürftiger Mensch!

Dieses Bedürfnis ist vielleicht der Grund, warum mich seit unserem letzten Hollandurlaub der Gedanke quält, wieso ich in diesem wunderbaren kleinen Laden in Middelburg zu dem Rock nicht auch noch die tollen Stiefel gekauft habe!?! Jedes Mal, wenn ich den Rock angezogen habe, hat mich das Verlangen nach diesen Schuhen gepackt! Doch anstatt irgendwann Ruhe zu geben, hat sich dieses HABENWOLLEN zu einem Monster aufgebläht, das einfach nicht mehr aus dem Kopf zu bekommen war! Ich habe ehrlich versucht, die Stiefel im Gebet an Gott abzugeben, aber vielleicht wollte er sie nicht – jedenfalls bin ich dieses Verlangen einfach nicht losgeworden, dass ich diese Schuhe HABEN MUSS! Aber in ganz Deutschland waren solche Stiefel nicht zu finden! Und deswegen nach Holland zurückzufahren, hat mein Mann strikt abgelehnt (Stichwort Antwerpen!). Das Ganze endete mit dem Kauf über Ebay von irrsinnig teuren ähnlichen Stiefeln (aber eben nicht denselben!), die jedoch eine halbe Nummer zu klein sind und mich die echten, holländischen Stiefel nur noch mehr vermissen lassen!

Diese kleine Geschichte bestätigt wunderbar das Erlebnis von Monsieur Diderot: Wir kaufen Unzufriedenheit! Die Werbung sagt uns: Es braucht noch ein kleines bisschen mehr, um glücklich zu sein. *Das* brauchst du noch! Nur noch *das!* Und dann ist es gut. Aber ich weiß: Es ist nie gut! Es sei denn, ich hätte diese Stiefel aus Holland. (Nein! Memo an mein Hirn: Nein!!!) Ich fühle mich nie komplett und zufrieden durch irgendetwas, das ich mir kaufe. Im Gegenteil: Ich werde erst dann komplett und zufrieden, wenn ich mit dem Habenwollen aufhöre. Wenn ich zur Ruhe komme. Wenn ich das Gute betrachte, das mich umgibt, und erkenne, dass es zum Glücklichsein gar nicht viel braucht. *„Den Schabbat als Tag der Freude zu feiern und im Frieden mit dem zu sein, was ich habe, ist ein radikales Konzept.",* schreibt der Theologe und Therapeut Wayne Muller.[14]

Der Sonntag kann ein Tag sein, an dem wir ganz bewusst alle Lügen entmachten, die uns im Alltag ständig einreden wollen, dass wir *noch mehr* brauchen, *noch mehr* tun und sein müssen. Der Sonntag kann zu einem Tag werden, an dem wir einfach „Danke!" sagen. Für das, was wir haben, und für das, was wir sind: genug.

Alles, was ich brauche

Eine leise Frage nagt da noch in mir: Gibt es diesen „Diderot-Effekt" auch im Glauben? Dass ich auch in meiner Beziehung zu Gott immer innerlich angetrieben werde und meine: Es muss doch noch mehr geben? Dieser Kongress, dieses Buch, dieser Podcast, diese Umsetzung fehlt noch, dann ... – und am Ende wundere ich mich, warum ich so unzufrieden bin!? Und ich frage mich, warum ich ständig denke, ich bin Gott nicht genug und Gott hat nicht genug für mich? Und die Sache mit dem Kreuz und der Erlösung ist schlussendlich vielleicht doch ein bisschen zu wenig? Ist sie nicht. Es reicht. Auch hier: Schau dich um, sage Danke! Alles, was ich brauche, habe ich bekommen!

Das Verlangen loswerden

„Der Schabbat ist eine Zeit, um aufzuhören und Abstand zu nehmen und uns nicht weiter von unserem Verlangen verführen zu lassen.

Wir hören mit unserer Arbeit auf, mit dem Geldverdienen und dem Geldausgeben.

Schau auf das, was du hast! Schau dich um in deinem Leben – brauchst du wirklich mehr?

Verbringe einen Tag mit deiner Familie. Anstatt die neue Kaffeemaschine zu kaufen, benutze den alten Kaffeefilter ... Mach einen Mittagsschlaf.

Erfinde ein neues Gericht mit den Resten aus deinem

Kühlschrank, anstatt sie wegzuwerfen. Spiele ein Spiel mit deinen Kindern, mache einen Spaziergang, trinkt eine Tasse Tee. Macht Liebe.

Tut nichts Bedeutungsvolles oder Wichtiges.

Und dann, am Ende des Tages, fragst du dich: Wo ist der verzweifelte Drang zu konsumieren und einzukaufen geblieben? Wo ist das Verlangen, das zu bekommen, was wir nicht brauchen? Es ist verschwunden. Stück für Stück ist es von uns abgefallen." [15]

Wayne Muller

09 Sich erinnern, wer für uns sorgt

Es ist Samstagabend. Wir kommen von ein paar erholsamen Tagen wieder nach Hause zurück. Der Briefkasten quillt über, und auch in meinem Email-Postfach stapeln sich Nachrichten mit vielen Hinweisen zu den Corona-Verordnungen. Die Erholung scheint auf einen Schlag verflogen zu sein. Ich fühle mich unendlich müde bei der Aussicht, dass weitere ungewisse Corona-Monate vor uns liegen. Wie wird das nur alles werden? Ich gehe zur Küche, öffne unseren Brotkasten und blicke in gähnende Leere. Mist. Dummerweise gibt es in unserer direkten Nähe auch keinen Bäcker, zu dem ich noch schnell laufen könnte. Also heißt es: selbst Brot backen. Zwischen den Kochbüchern fällt mir ein kleiner, fettverschmierter Zettel entgegen: das Challa-Rezept. Immer wieder einmal backe ich am Samstagabend dieses geflochtene Weißbrot, das die Juden am Schabbat und an den Feiertagen essen. Ich öffne eine Packung Mehl und stelle sicher, dass wir noch einen Hefewürfel im Kühlschrank haben. (Das Gold des ersten Corona-Lockdowns!) Ich zerbrösle es vorsichtig in einer kleinen Schüssel und gebe Honig und warmes Wasser dazu. Nach und nach füge ich Eier, Mehl, Öl und Salz bei. Dann bestäube ich den Teig mit Mehl, lege fürsorglich ein Tuch über ihn, und stelle ihn vor unseren Ofen. Jetzt braucht es Ruhe, bis der wohlig wonnige Hefegeruch sich gleichmäßig durch die Wohnung verteilt und sich das Küchentuch über der Schüssel leicht nach oben wölbt. Dann flechte ich zwei Hefezöpfe daraus. Auch das habe ich aus der jüdischen Tradition gelernt: Man macht immer zwei Challot, um sich an die doppelte Ration Manna vor dem Schabbat zu erinnern, die Gott für sein Volk vom Himmel fallen ließ. Ich mache es oft so: ein Challa für uns und eins zum Verschenken.

Heute Abend lege ich den duftenden Zopf in die Hände der syrischen Mama, die mit ihrer Familie unter uns wohnt. Sie öffnet mir freudig die Tür, und neben ihren Beinen lugt das ernste und neugierige Gesicht ihrer kleinen Tochter hervor. Ich zwinkere ihr zu, wünsche ihnen einen schönen Sonntag – im Bewusstsein, dass ihr Feiertag bereits hinter ihnen liegt. *Salam aleikum. Schabbat Schalom. Friede uns allen.*

Bevor ich wieder hinauf in unsere Wohnung gehe, nehme ich die alte Gießkanne zur Hand, um den durstigen Pflanzen in unserem Garten noch eine Erfrischung zu bringen. Aus den Nachbargärten dringt das angenehme Summen aus Gelächter und Gesprächen, und an den verschiedensten Stellen steigen kleine Rauchwolken in den Abendhimmel und der Duft von Gegrilltem liegt in der Luft. Unser türkischer Nachbar winkt mich zu sich und reicht mir warme Fladenbrote, mit Käse überbacken, über den Zaun. Mit vollen Händen komme ich in unserer Wohnung an und wir veranstalten ein kleines Festmahl am Schabbat-Abend. Während wir das Dankgebet sprechen, nehme ich mir vor, diese Wahrheit ganz neu im kindlichen Vertrauen zu ergreifen: *Für heute ist genug. Und für morgen sorgt der Herr!*

Der Blick zum Himmel

„Da sprach der Herr: Siehe, ich will euch Brot vom Himmel regnen lassen. Dann soll das Volk hinausgehen und den Tagesbedarf täglich sammeln, damit ich es auf die Probe stelle, ob es nach meinem Gesetz leben will oder nicht. Am sechsten Tag aber, wenn sie zubereiten, was sie einbringen, wird es geschehen, dass es das Doppelte von dem sein wird, was sie tagtäglich sammeln." (2. Mose 16,4ff)

Schon als Kind hat mich diese Geschichte fasziniert: Brot, das vom Himmel regnet! Manna – jeden Morgen frisch! Und am Tag vor dem Schabbat gibt es die doppelte Menge. Das ist auch der einzige Tag, an dem das Brot einen Tag länger haltbar ist. Wer es unter der Woche für den nächsten Tag gesammelt hat – nur für den Fall, dass es da kein Brot vom Himmel gibt –, erlebte am Morgen eine böse Überraschung: Das Manna war voller Würmer. Fast 400 Jahre hatte Gottes Volk als Sklaven in Ägypten gelebt. Eine lange Zeit, in der sie ohne Pause gearbeitet hatten, in der sie das Essen aufsparen mussten und sich bestimmt oft hungrig und voller Sorge um den nächsten Tag schlafen legten. Und nun erlebten sie einen offenen Himmel, der genug für sie hatte. Und einen wahren Schabbat, an dem sie ausruhen konnten und trotzdem reichlich versorgt wurden. Langsam brachte Gott seinem Volk bei, in Freiheit und mit zuversichtlichem Blick zum Himmel zu leben.

Wir leben von Gottes Versorgung

In der Nähe vom Haus meiner Schwiegermutter gibt es einen wunderbaren Bäcker. Natürlich ist das Geschmackssache, aber nach jahrelangem intensivem Brezelvergleichsstudium würde ich sagen: Nirgendwo sonst schmecken die Brezeln so knusprig und frisch wie beim Bäcker Schulze! Leider ist es so, dass wir meistens am Sonntag zum Verwandtenbesuch kommen und der Laden an diesem Tag geschlossen ist. Da lag es nahe, mal beim Chef nachzufragen, warum das so ist. Er schrieb mir darauf:

„Gott hat uns aus purer Liebe Regeln in seiner Schöpfungsordnung gegeben. Und eine davon besagt, dass wir am 7. Tage ruhen sollen. Gott hat dem Volk Israel in der Wüste vor dem Schabbat immer die doppelte Menge Manna geschickt. Und so ist das bei uns in etwa auch: Wir machen samstags beinahe den doppelten Umsatz, sodass wir getrost am Sonntag zu lassen dürfen, wofür wir sehr dankbar sind.“

Für mich spricht aus seinen Worten auch etwas von dem „Genug", das uns Ruhe schenkt. Es muss nicht immer noch mehr sein. Wir geben sechs Tage lang, was wir haben. Am Sonntag aber lassen wir die Hände ruhen und blicken zuversichtlich zum Himmel. Wir sagen uns selbst und einer beunruhigten Welt, dass wir nicht von unseren eigenen Bemühungen leben, sondern von der Güte und Versorgung Gottes.

10 Nicht immer für alle(s) erreichbar sein

Neulich habe ich mich mit einer Freundin unterhalten, die ebenfalls Autorin ist. Wir sprachen über die sozialen Medien und wie wichtig es anscheinend ist, sich selbst zu „promoten" und eine digitale Plattform zu haben. Heutzutage hat man ja fast das Gefühl: Wenn man nicht bei Facebook oder Instagram ist, ist es sehr schwierig, seine eigene Existenz zu beweisen! Ich bin auf diesen Foren (zumindest derzeit) nicht zu finden. Und mein Blog ist vergleichbar mit einem kleinen Hinterhof in einer Seitenstraße. Meistens bin ich im völligen Frieden damit. Genauso, wie es jetzt ist, ist es gut für die Kapazität meiner Seele. Aber ab und zu denke ich: „Ich muss doch mehr tun! Ich habe keinen einzigen Follower! Das geht doch nicht!"

Apropos Follower: Ich bin immer wieder darüber erstaunt, wie Jesus unterwegs war. Er, der nun wirklich jedes Recht gehabt hätte, die ganz große Bühne zu bekommen, hat sich meistens in den Seitenstraßen aufgehalten. Seine wichtigen Begegnungen fanden ganz persönlich statt. Unaufdringlich. Ruhig und liebevoll.

Bei sensationellen Heilungen bat er die Menschen oft darum, Stillschweigen zu bewahren (und konnte doch nicht verhindern, dass sie viral gingen). Er ließ sich auch nicht von den Erwartungen der Menschen unter Druck setzen. Immer wieder zog er sich allein zurück, um Zeit mit seinem Vater im Himmel zu verbringen. *„Ich tue nur, was ich den Vater tun sehe!"* Das scheint mir ein Schlüsselvers für seine innere Ruhe und sein klares Handeln zu sein. Trotzdem: Jesus ließ sich ständig unterbrechen, nahm Essenseinladungen an und verbrachte seine Zeit mit Kindern, Prostituierten und einfachen Fischern. Jeder Manager würde dabei die Hände über dem Kopf zusammenschlagen und rufen: „Jesus, wie uneffektiv! Du musst doch groß denken! So viel Einfluss wie nötig bekommen! Treffen organisieren, wichtige Leute zusammentrommeln und Strategien überlegen, wie du die Welt erreichen kannst." All das tat Jesus nicht. Warum? Der Theologe Helmut Thielicke schreibt dazu: *„Weil Jesus weiß, dass er dem Nächsten (wirklich dem Nächstliegenden heute und hier!) zu dienen hat, darum kann er das Fernstliegende, kann er die große Perspektive, getrost seinem Vater überlassen. Indem er in seiner kleinen Ecke in der höchst provinziellen Umgebung von Nazareth und Bethlehem gehorsam ist, lässt er sich in ein großes Mosaik einfügen, dessen Meister Gott ist. Darum hat er Zeit. Denn alle Zeit ruht in den Händen seines Vaters. Darum geht Frieden und keine Unrast von ihm aus."*[16]

Oh, ich liebe Jesus! Ich würde jederzeit eine Fanpage auf Facebook für ihn pflegen! Aber er scheint keinen großen Wert darauf zu legen. Stattdessen will ich von ihm lernen: Ich muss nicht gehetzt an meinem Image arbeiten. Nicht ängstlich schauen, dass ich nichts versäume. Sondern einfach verfügbar sein für das Nächstliegende. Und mich ruhig einfügen lassen in das große Mosaik, dessen Meister Gott ist.

Offline

Die digitalen Medien sind überhaupt nichts Schlechtes (für eine Autorin ist das Internet eine großartige Fundgrube!), aber nicht umsonst nennt man die sogenannten *sozialen Medien* die „Aufmerksamkeitsindustrie". Ihr Angebot ist scheinbar kostenlos, aber wir bezahlen dafür – mit unserer Zeit und Aufmerksamkeit. Und damit wir dranbleiben, gibt es ab und zu einen kleinen Dopaminschub, wenn beispielsweise jemand unsere Beiträge mit einem Herzchen, einem Daumen hoch oder einem lobenden Kommentar quittiert. Für eine genesende Anerkennungssüchtige, wie ich es bin, ist das eine ganz schlechte Sache! Deshalb muss ich mal wieder einen Schritt zurücktreten und schauen, wie ich meinen Medienkonsum angemessen gestalten kann. Diese Dinge helfen mir dabei:

- Ich versuche, auf Nachrichten nicht immer gleich zu antworten. Eine Studie sagt, dass 57% der Handynutzer eine prompte Antwort erwarten. Wenn man aber ein paar Mal nicht sofort antwortet, begreifen Freunde und Bekannte, dass man nicht notfallmäßig ins Krankenhaus eingeliefert wurde, sondern zu den sonderbaren Menschen gehört, die ab und zu das Handy ausschalten oder sich einfach – zumindest bei nicht lebensnotwendigen Dingen – mit der Rückmeldung Zeit lassen.

- Wenn ich einen schönen Moment erlebe, versuche ich ab und zu, darauf zu verzichten, ein Handyfoto davon zu machen (was mir als leidenschaftliche Hobby-Fotografin, die am liebsten alle schönen Momente mit der Welt teilen will, sehr schwerfällt). Ich will wieder neu lernen, Momente zu genießen, ohne sie festhalten zu wollen. (Das macht, laut Psychologen, auch viel glücklicher!)

- Beim Spazierengehen versuche ich, mein Handy zu Hause zu lassen. Und abends bringe ich nicht nur mein Kind, sondern auch mein Handy ins Bett und schalte es bis zum nächsten Morgen auf Flugmodus.

- Wenn ich merke, dass ich viel zu oft nach meinem Handy greife und ich mal wieder in Gefahr stehe, willenlos der Aufmerksamkeitsindustrie zu verfallen, lege ich eine längere Fastenzeit ein. Ich gehe offline. Das löst zuerst Panik in mir aus. In den ersten Tagen zucken meine Hände immer wieder ins Leere, aber dann lassen die Entzugssymptome nach und ich genieße die Freiheit.

Singletasking

Multitasking ist ein Begriff aus der Computersprache und bedeutet Mehrprozessbetrieb. Damit will man eine optimale Auslastung des Rechners erreichen. Inzwischen wird Multitasking auch verwendet, um die menschliche Fähigkeit zu beschreiben, sich auf mehrere Dinge gleichzeitig zu konzentrieren (dabei geht es nicht um solche Dinge wie das Reden, während wir gehen, sondern um Beschäftigungen, die jeweils unsere volle Aufmerksamkeit erfordern, z. B. eine Nachricht auf dem Handy lesen und nebenher ein Gespräch führen). Neurologen sind sich darüber einig: Multitasking ist für unser Gehirn nicht möglich (das gilt für Frauen übrigens ebenso wie für Männer!). Unser Gehirn kann sich nicht gleichzeitig auf zwei Aufgaben konzentrieren, sondern es muss laufend hin- und herschalten. Das heißt, wir sind in einem ständigen Ablenkungsprogramm, das Stress verursacht und uns auf Dauer die Fähigkeit nimmt, konzentriert bei einer Sache zu bleiben. Der Theologe Walter Brueggemann schreibt darüber:

„Multitasking ist der Antreiber, dass wir mehr sein wollen wie das, was wir sind. Wir wollen mehr Einfluss und Effektivität haben. So eine Gewohnheit bringt auf Dauer ein gespaltenes Selbst hervor, das seine volle Aufmerksamkeit auf nichts mehr richten kann."[17]

Einfach ausgedrückt: Wir sind keine Computer. Sondern Menschen. Und es entspricht unserem Wesen, eins NACH dem anderen zu tun. Singletasking. Verfügbar für das Nächstliegende.

11 Platz schaffen

Jeden Frühling ist es bei uns dasselbe: Mein Mann belegt sämtliche Fensterbänke, und sogar die Badewanne wird in Beschlag genommen. Er befüllt Joghurtbecher, Eierkartons und andere merkwürdig aussehende Gefäße mit Erde und Keimlingen, die so klein aussehen, dass ich denke: „Da wird wohl erst in ein paar Jahren etwas wachsen, was uns annähernd satt machen könnte!" Aber zu meinem großen Erstaunen wächst mir innerhalb von ein paar Wochen ein Strauch aus der Badewanne entgegen, und heute Morgen stürzte fast eine groß gewordene Kürbispflanze vom Fensterbrett in meine Kaffeetasse. Also, langsam wird es Zeit fürs Umpflanzen. Mein Mann hat im Hochbeet schon Platz für die Pflanzen gemacht.

Eine Sache habe ich als unbeteiligte Beobachterin jedenfalls gelernt: Was unfassbar klein beginnt, kann in kürzester Zeit sehr viel Platz einfordern! Und genau das ist auch die Erkenntnis, die ich im Laufe meines – leider oft so gestressten – Lebens gewonnen habe: Ganz vieles im Leben wächst und hat die Tendenz, sich auszubreiten. Eine Zusage hier, ein kleines Projekt da ... Und dann gedeiht das Projekt und die Aufgaben werden größer, und ich raufe mir verzweifelt die Haare, weil plötzlich alles zu gedrängt ist in meinem kleinen Leben! Und mir wird klar: Wenn ich weiter alles zusammen aufwachsen lasse, dann werden diese – anfangs so kleinen – Dinge in ihrer Summe so viel Nährstoffe aus dem Boden ziehen, dass das Wesentliche in meinem Leben unterversorgt wird.

Der schwedische Autor Tomas Sjödin schreibt: *„Aus viel wird immer mehr, ohne dass wir es merken. Es sind nicht nur Dinge, die unser Leben anfüllen, sondern auch Aktivitäten, Kontakte und vieles andere. Nichts davon ist an sich schlecht, das Problem ist lediglich, dass ein Leben nicht unbegrenzt Raum für alles bietet. Wenn man die Dinge laufen lässt, entdeckt man eines Tages, dass ausgerechnet das, was man im Tiefsten wollte, keinen Platz mehr gefunden hat.“*[18]

Das möchte ich so gerne: Platz haben für das, was ich im Tiefsten will. (Und manchmal vergesse ich auch, was das ist – dann brauche ich Platz, um darüber nachzudenken! Siehe nächstes Kapitel.) Ganz vieles in meinem Leben ist wie der wilde Wein, der unsere Gartenlaube umrahmt: Er braucht einen regelmäßigen Rückschnitt, damit die satte Kraft in die Trauben strömt. Also nehme ich kleinlaut Versprechen zurück, gebe Aufgaben ab oder begrenze eine Sache, die mir buchstäblich über den Kopf gewachsen ist. Ich schaffe wieder Platz in meinem Leben. Denn – das weiß ich von unserem Garten: Es sind die freien Flächen, auf denen sich das gute Leben tummelt!

Ein bisschen Platz schaffen

- Einen Termin absagen.
- Einfacher kochen.
- Klarere Aussagen treffen, die mich nicht in Zugzwang bringen, Erwartungen zu erfüllen, die ich ungewollt geweckt habe.
- Meine Ansprüche – an mich selbst und an das Leben – ein bisschen an die Realität anpassen.
- Meine Zeit mit Gott vereinfachen. Ballast abwerfen, den mir mein frommes Leistungsdenken aufgezwängt hat.
- Meine Beziehungen, wo immer möglich, klären.
- Vergeben. Aussöhnen. Verantwortungen zurückgeben.
- Innere Klarheit über meine derzeitige Lebensberufung finden.
- Mein Ja ein Ja sein lassen. Mein Nein ein Nein.
- (Und „Nein! ist ein vollständiger Satz!", wie Anne Lamott das so wunderbar formuliert hat.)

Inventur

Einmal im Jahr mache ich eine innere Inventur. Ich fahre für zwei bis drei Tage an einen ruhigen Ort und dann schaue ich mir mein Leben an. Ich bitte Gott, mir zu zeigen, was einen Rückschnitt braucht. Was vielleicht sogar ausgerissen werden muss. Was er mir nicht aufgetragen hat, was ich aber noch aus alter Verbundenheit und Treue tue (was laut Sjödin eine große Müdigkeit in uns bewirken kann!). Welche neuen Samen will Gott vielleicht einpflanzen? Was macht mich ganz lebendig, und bei welcher Sache fühle ich mich genau am richtigen Platz? Das Nachdenken über diese Dinge benötigt Zeit. Zeit, die wir uns ab und zu gönnen sollten, wenn wir am richtigen Platz aufblühen und auch andere zum Blühen bringen möchten.

12 Das Beste wählen und dann das Gute genießen

Neulich war ich bei Freunden auf einer Wohnzimmerlesung von einem meiner Lieblingsautoren: Titus Müller. Neben dem literarischen Genuss war auch für das leibliche Wohl gesorgt: Die Gastgeber hatten ein großes Büfett in der Küche aufgebaut – jeder von uns hatte etwas dafür mitgebracht. Beim Anblick der ganzen Leckereien lief mir das Wasser im Mund zusammen und ich freute mich auf die Essenspause fast genauso sehr wie auf die Worte von Titus. Ich habe dann auch beherzt zugegriffen. Mit vollem Magen und drei neuen Büchern im Gepäck kam ich wieder zu Hause an. Die Nacht verlief dann etwas unruhig. Beschämt muss ich eingestehen: Ich hatte einfach zu viel gegessen! Das nahm mir mein Magen nun übel, und er bestrafte mich mit einem derartigen Sodbrennen, wie ich es nur noch entfernt von meiner Schwangerschaft in Erinnerung hatte. (Damals drückte ein Ungeborener die Speiseröhre nach oben, jetzt waren es die Pizzataschen und Zimtschnecken!) Leider ist das kein einmaliger Vorgang. Auch am Büfett des Lebens bin ich nicht sehr wählerisch und ich bediene mich oft viel zu großzügig. Artikel, Bloglinks und Bücher – ach, Bücher! –, die verschlinge ich wie ein Fastfood-Junkie. Romane, Krimis, Biografien – gebt mir ein gutes Buch und ich bin für ein paar Stunden glücklich. (Dann ist es ausgelesen und ich habe Hunger auf mehr). Leo Babauta, ein Minimalismus-Experte, schreibt: *„Das Leben ist besser, wenn wir nicht versuchen, ALLES zu tun! Man kann nicht alle guten Bücher lesen und auch nicht an alle tollen Orte reisen."* Man kann auch nicht an jedem wichtigen Kongress teilnehmen, in allen angesagten Restaurants essen und alle guten Podcasts hören. So wie man bei einem leckeren Büfett eben auch nicht von allem probieren kann. Das heißt: Theoretisch kann man das schon, aber praktisch gesehen ist es einfach nicht gesund. Gesund ist, wenn man unter dem Vielen das Gute auswählen kann. Und richtig heilsam ist, wenn man aus den vielen guten Dingen das Wichtigste an die erste Stelle setzt (und dann schaut, ob noch Platz für mehr ist). Aber was ist mir das Wichtigste und was soll das Erste für mich sein? Der Psalmschreiber David hatte da eine ganz klare Vorstellung, und wenn ich seinen Wunsch lese, dann spüre ich eine starke Resonanz in meinem Herzen und ich denke: „Ja, genau – das will ich auch!"

„Um eins habe ich gebeten, danach trachte ich: zu wohnen im Haus des Herrn alle Tage meines Lebens, um anzuschauen die Freundlichkeit des Herrn und nachzudenken in seinem Tempel." (Psalm 27,4)

Vom Büfett des Lebens (und spätestens als David König von Israel war, hatte er da eine riesige Auswahl!) wählte sich der ehemalige Hirtenjunge diese eine – und, wie ich finde, allerbeste! – Sache als oberste Priorität aus: Ich will die Nähe Gottes suchen. Ich will über ihn nachdenken und seine Freundlichkeit bestaunen. Wenn dann noch Platz für etwas anderes ist: schön. Wenn nicht, habe ich das Wichtigste ausgewählt. So kann man ohne Magenschmerzen schlafen gehen.

Auf das ausrichten, was ich als das Beste erkannt habe

Der Schabbat kommt Woche für Woche mit dieser Herausforderung: Lass das Dringende liegen. Lass die vielen Möglichkeiten los und richte dich auf das aus, was du als das Beste erkannt hast. Deshalb will ich an diesem Tag in meine Gemeinde gehen und über Gottes Freundlichkeit staunen. Ich will mir ein bisschen Zeit dafür nehmen, um über Gott nachzudenken. Ich will den Besten genießen. Und wenn dann noch Zeit übrig ist, will ich mir auch ausreichend vom Guten auf den Teller laden, das dieser Tag noch so zu bieten hat.

Wer Ja sagt, muss auch Nein sagen können

Wer auswählt, lässt so manches liegen (und das nicht immer mit leichtem Herzen). Ein Ja zu etwas, was mir wichtig ist, bedeutet auch ein Nein an anderer Stelle.

Für mich ist es wichtig, dass ich mir diese offensichtliche Tatsache immer mal wieder vor Augen halte. Deshalb mache ich mir oft am Anfang des Jahres eine kleine Ja-Liste. Darauf schreibe ich, was mir in diesem Jahr wichtig ist. Ich versuche, nicht mehr als fünf Sachen zu notieren. Daneben schreibe ich dann, wozu ich aufgrund meiner Ja-Liste in diesem Jahr Nein sagen muss. Sozusagen eine „Not-to-do-Liste". Im Lauf des Jahres hilft es mir immer mal wieder, einen Blick darauf zu werfen. Damit ich mein Nein zu dem Ja nicht vergesse und mein Leben nicht so überladen daherkommt, dass am Ende das Wichtigste verloren geht. *„Um eins, Herr, habe ich dich gebeten …"*

> *„Das ist Minimalismus: Die bewusste Ausrichtung auf die Dinge, die uns am wichtigsten sind, und das bewusste Entfernen von allem, was uns davon ablenkt."*
>
> Joshua Becker [19]

13 Leichter machen!

Nun geht unser Sohn seit einigen Tagen ins Gymnasium. Ich bin ziemlich aufgeregt. Aus meiner Familie ging bisher niemand ins Gymnasium, und das hätte von mir aus auch so bleiben können. Aber das Kind wollte so gerne – sein bester Freund geht schließlich auch, und die Lehrerin fand es ebenfalls angebracht. Also habe ich es ihm schweren Herzens erlaubt. Beim Mittagessen erzählt er nun begeistert, was er alles lernen wird! Jeden Tag bringt er mehr Bücher mit, und wir kaufen noch viele Hefte und Ordner dazu. Gestern kam er schwitzend nach Hause und meinte: „Mama, mein Ranzen ist sooo schwer!" Sofort ruft und schimpft mein schlechtes Mama-Gewissen. Ich habe bisher tatsächlich versäumt, ihm beizubringen, dass er nur das mitnehmen soll, was er an dem jeweiligen Tag auch benötigt! Das muss ich jetzt dringend nachholen. Meine kluge Seelsorgerin hat mir mal erklärt: Man erkennt Kinder, die immer zu viel Verantwortung übernehmen, oft daran, dass ihre Schulranzen viel zu schwer sind. Aus Angst, sie könnten etwas vergessen, nehmen sie jeden Tag alle Schulbücher und -hefte mit, die sie besitzen. Das verstehe ich gut. Die Last auf meinen Schultern war während meiner Schulzeit auch immer gefühlt viel zu schwer. Eigentlich ist sie das an vielen Tagen bis heute. Ich schleppe alles Mögliche mit mir herum. Zum Beispiel denke ich heute schon sorgenvoll darüber nach, wie mir die anstehende Lesung nächste Woche gelingen wird, so müde, wie ich gerade bin. Ich mache mir Gedanken wegen eines schwierigen Telefonats mit einem Freund, das ich heute aber ganz bestimmt nicht mehr führen werde. Ich überlege, wie wir künftig die Kinderbetreuung in der Gemeinde organisieren können, obwohl ich überhaupt nicht dafür zuständig bin. Jesus hat dazu Folgendes gesagt: *„Macht euch keine Sorgen um den nächsten Tag! Der nächste Tag wird für sich selbst sorgen. Es genügt, dass jeder Tag seine eigene Last mit sich bringt."* (Matth. 6,34; NGÜ [20])

Sorgen sind Teil des Lebens! Das räumt Jesus hier ein. Aber er sagt auch: Fügt zu den *heutigen* Sorgen keine weiteren hinzu. Also sortiere ich gemeinsam mit dem Kind alles aus, was ich *heute* nicht brauche. Er den Ranzen. Ich die Seele. Und langsam wird es leichter. Für uns beide. Und wir stellen erstaunt fest, dass wir das, was für heute wichtig ist, ganz gut tragen können.

Ein sorgloser Tag

An einem Tag in der Woche trägt das Kind keinen Ranzen. Und einen Tag in der Woche dürfen wir die Sorgen einfach einmal ablegen. Die deutsch-israelische Autorin

Lea Fleischmann schreibt, dass am Schabbat die Sorgen einfach beiseitegeschoben werden: *„Es ist eine wöchentliche Übung, um die Seele zu beruhigen. Zwischen dem Licht der Schabbatkerzen am Freitagabend bis zum Licht des Hawdalasegens am Samstagabend wird die Wochentagsseele ausgewechselt. Alles, was mit Arbeit und bedrückenden Problemen zusammenhängt, wird geistig zur Seite geschoben. Der Schabbat ist ein sorgenfreier Raum."* Und es ist laut Fleischmann nicht zuletzt diese psychische Fähigkeit der Juden, spirituell in eine andere Dimension einzutauchen, welche die nie nachlassende Kraft des Schabbats ausmacht. *„Die Sorgen kehren nach Schabbatausgang wieder, aber am siebten Tag haben sie keine Macht über die Seele."*[21]

Die Schabbat-Schachtel

In einigen jüdischen Haushalten gibt es eine Schabbat-Schachtel. Am Freitagabend kann man die Dinge darin ablegen, mit denen man den „heiligen Raum" des Feiertags nicht betreten möchte. Das kann ein Autoschlüssel oder ein Geldbeutel sein, das Handy, die Maus vom Computer, ein kleiner Zettel, auf dem man eine Sorge notiert hat, oder eine Arbeit, die nicht beendet werden konnte. Es ist ein bisschen wie das abendliche Aussortieren eines Schulranzens von allem, was man für den nächsten Tag nicht benötigt. Erst am Ende des Schabbats öffnet man die Box wieder, um die Dinge neu an sich zu nehmen. Man könnte das mal ausprobieren. Und vielleicht lässt man sogar die eine oder andere Sorge auch nach dem Sonntag darin liegen, weil man Gottes liebevolles Flüstern vernimmt: „Das ist zu schwer für dich – darum kümmere ich mich, mein Kind."

14 Aufhören mit den Rettungsversuchen

Am Sonntag bin ich mit Kopfschmerzen aufgewacht. Ich war so unendlich müde und einfach nicht bereit, noch mehr Menschen im Gottesdienst zu begegnen, die vielleicht ebenso müde und bedürftig sein könnten. Also blieb ich zu Hause, blätterte ein wenig in der Bibel und blieb an der Geschichte hängen, in der 4000 Menschen mit großem Hunger vor Jesus sitzen. Und Jesus lässt eine Bemerkung darüber bei seinen Jüngern fallen, und sie reagieren ganz aufgeregt: *„Was erwartest du denn jetzt von uns? Wie sollen wir hier in dieser öden Gegend etwas Essbares auftreiben?"*[22] Und Jesus fragte einfach: *„Wie viel habt ihr denn noch da?"* Und dann machte er damit sein Ding – genannt Wunder –, und alle wurden satt. Auf einmal entdecke ich mich in dieser Geschichte! Ich höre das Herz von Jesus, sehe die Not der Menschen, und dann renne ich los, so müde, wie ich meistens bin, um in der öden Gegend IRGENDWAS zum Essen für uns zu besorgen. Wenn ich dann völlig erschöpft von meinen Rettungsversuchen mit leeren Händen wieder zurückkomme, sagt der Retter liebevoll: „Fertig, mein Kind? Kann ICH jetzt weitermachen?" Ich nicke. (Kann nicht viel reden, weil außer Atem.) Und Jesus: „Okay, was hast du denn noch da?" Und dann nimmt er die Sache in die Hand, und alle werden satt. Und staunen über Jesus, den Retter der Welt.

Diese kleine Geschichte zeigt so gut den Grund für ganz viel Unruhe und Erschöpfung in meinem bisherigen Leben: Ich verstehe die Not der Menschen als Auftrag an MICH! Ich habe den Eindruck: ICH muss diese Not beheben! Kein Wunder, bin ich zweimal in meinem Leben völlig ausgebrannt. Und mein Burn-out wurde zu meiner Schabbatzeit. Was heilsam war, weil ich in meiner Schwachheit nicht anders konnte, als stillzuhalten und Jesus zu fragen: Wie willst du uns denn sattmachen angesichts der knappen Versorgungslage? Und was soll ich sagen: Er kam ganz gut ohne meine Rettungsversuche zurecht. Und die anderen auch. Vielleicht sollte ich mir diese Erfahrung wieder öfters vor Augen halten. Dann könnte ich auch müde und mit Schmerzen in den Gottesdienst humpeln und vertrauensvoll meinen kleinen Teil dazulegen. Und immer mal wieder staunend Zeuge davon werden, wenn der Retter „sein Ding" macht.

Meine Bitten ruhen lassen

Am Sonntag will ich nicht nur meine Sorgen ruhen lassen, sondern auch meine Gebete für die Not anderer. Das bringt eine besondere Leichtigkeit in mein sonntägliches Gebet und in mein Herz. *„In der Ruhe von eigenen*

Werken werde die Seele leer und bereit für Gottes alleinige Gnade", schrieb Martin Luther. Seit Kurzem versuche ich, auch alle meine eigenen Bitten und Wünsche für einen Tag zur Seite zu legen. Ich merke, wie gut mir diese Pause tut, einen Tag lang mal gar nichts zu bitten! Und manchmal bete ich am Montag anders weiter. So wie man nach einer Gesprächspause mit einer neuen Wahrnehmung und frischen Gedanken ansetzen kann. Und ich merke, dass es nicht meine treuen Gebete sind, die diese Welt am Laufen halten, sondern es ist Jesus, der unablässig für uns alle betet. Sechs Tage die Woche lädt er mich ein, dabei ein bisschen mitzumachen. Am siebten Tag halte ich ihm meine leere Seele entgegen und lasse mich neu erfüllen – *mit seiner alleinigen Gnade.*

Komm zu mir!

Es sind diese Jesusworte, die mich immer wieder in seiner Nähe ankommen lassen:

„Bist du müde, ausgelaugt und religiös ausgebrannt? Dann komm zu mir. Lass uns zusammen sein, und du wirst wieder zu Kräften kommen und dein Leben wiederfinden. Ich zeige dir, wie du wirklich zur Ruhe kommen kannst. Gehen wir zusammen; beobachte, wie ich die Dinge tue, und lerne den ungezwungenen Rhythmus der Gnade. Ich werde dir nichts Schweres oder Krankmachendes auferlegen. Bleib mit mir in Kontakt, dann wirst du lernen, frei und leicht zu leben." (Matthäus 11,26 – frei übersetzt nach „The Message"[23])

15 Frische Luft im Terminkalender!

Beim Blättern durch meinen Terminkalender vom letzten Jahr fällt es mir auf: So viele leere Seiten hatte ich noch nie! Und wenn doch etwas eingetragen wurde, dann mit Bleistift und Fragezeichen. Eindeutig: Es war Corona-Zeit. Die Zeit der langen Lockdowns, des Homeschoolings und der Ausgangssperren. Wegen letzterem konnte man auch an den meisten Abenden schon kurz nach acht im Schlafanzug in der Wohnung lümmeln, weil garantiert kein Mensch mehr vorbeikommen würde. Alle meine inneren Antreiber schnappten einmal kurz entrüstet nach Luft, um dann verblüfft den Mund zu halten. Nun will ich diese schwierige und für viele sehr schmerzliche Zeit nicht schönreden. Aber hier war ein Aspekt, der mir – und vermutlich auch einigen anderen – richtig gutgetan hat: Wir hatten auf einen Schlag mehr Platz im Terminkalender! Alle Pläne und Erwartungen von außen platzten wie Seifenblasen. Kindergeburtstage wurden abgesagt, Urlaubsreisen gestrichen, und viele scheinbar so wichtigen Termine fanden ohne unsere Anwesenheit statt. Alles in allem waren wir einfach nicht mehr so verplant.

Unsere arabischen Freunde können so etwas ganz ohne Pandemie! In dem wunderbaren Buch „Kommt ein Syrer nach Rotenburg" schreibt Samer Tannous bewundernd darüber, wie effektiv wir Deutschen unsere Zeit nutzen können. Gleichzeitig stellt er mit Erstaunen fest, dass fast jeder Deutsche einen Terminkalender hat. So etwas besitzen im arabischen Raum nur Ärzte und Rechtsanwälte! Und als er einen Termin für seine siebenjährige Tochter mit den Eltern ihrer Freundin planen musste, konnte er das kaum fassen. Es gibt ein arabisches Sprichwort über die Deutschen, das sagt: *„Ihr habt die Uhren und wir haben die Zeit!"* Samer fügt hinzu: *„Ihr habt eure Kalender, wir haben die Flexibilität!"*[24] Und ich frage mich, ob das nicht etwas ist, was wir aus der Pandemiezeit mitnehmen könnten: die Flexibilität! Die Möglichkeit, unsere Termine öfters mal mit Bleistift einzutragen und schulterzuckend auf so manches zu verzichten, was bis vor Kurzem noch unverzichtbar schien. Nicht zu vergessen, dass Dinge auch mit weniger Aufwand funktionieren, dass Erholungsorte manchmal näher liegen, als wir glauben, dass viele Treffen auch ganz gut ohne uns stattfinden können und dass freie Seiten im Terminkalender nicht für ein langweiliges, sondern für ein richtig gutes Leben stehen könnten. Eigentlich will ich nicht meinen Kalender zücken, wenn Freunde vorbeischauen wollen, und dann einen Termin in zwei Monaten ausmachen. So gerne will ich sagen: „Wisst ihr was, wir sind nicht so verplant! Meldet euch einfach spontan, und dann ist die Wahrscheinlichkeit bei uns sehr groß, dass es klappen kann!" Ein bisschen arabischer Frühling in unseren Terminkalendern! Ach, das würde mir zumindest sehr guttun.

Keine weiteren Termine

Seit einiger Zeit versuchen wir, am Sonntag, zusätzlich zum Gottesdienst, keine weiteren Termine auszumachen. Natürlich gibt es immer Ausnahmen. Geburtstage von Verwandten oder mal ein Treffen mit Freunden, was unter der Woche nicht möglich ist. Aber wir haben gemerkt, dass es unseren Sonntagsgenuss verstärkt, wenn wir im Anschluss von unserem Gottesdienst nicht gleich zum nächsten Termin hetzen. Und andere aus unserer Gemeinde bringen ebenfalls ganz oft Zeit mit. Deshalb ist bei uns nach dem offiziellen Ende der Gottesdienst meist noch lange nicht vorbei. Dann läuft die Kaffeemaschine heiß, und übrig gebliebener Kuchen vom Vortag wird angeboten. (Was für ein Segen, dass unsere Treffen derzeit in einem wundervollen Café stattfinden dürfen!) Wir sitzen an den kleinen Tischen zusammen oder stehen draußen in der Sonne und genießen es, noch miteinander zu reden und einfach Zeit gemeinsam zu verbringen.

Dinge, die nur wachsen,
wenn du ihnen Zeit schenkst:

Freundschaft und Nähe.
Dankbarkeit und Zufriedenheit.
Vertrauen und Zuversicht.
Und die Liebe.
Liebe heißt: Ich schenke dir Zeit.
So wurden wir zuerst geliebt.
Uns so können wir Liebe weitergeben.
Indem wir einander Zeit schenken.

3. TEIL

Pause machen

"Die meisten Dinge funktionieren wieder,
wenn man sie einmal aus- und dann wieder
anschaltet. Das trifft auch auf dich zu."
ANNE LAMOTT

16 Ruheplätze schaffen

Als ich die sehr müde Mama eines Kleinkindes war und am Ende der Kraft noch viel zu viel Tag übrig war, gab mir eine Freundin den Ratschlag, eine Mittagspause einzulegen. Ich schaute sie entgeistert an. Wie sollte ich, neben meinem lebhaften Dreijährigen, einen Mittagsschlaf machen, ohne nach starken Beruhigungsmitteln zu greifen (für mich oder das Kind)? Aber die erfahrene Mama versprach mir: „Du musst ihn nur daran gewöhnen. Leg ihm ein Hörspiel ein oder gib ihm ein Bilderbuch zum Anschauen und mach ihm klar, dass jetzt Mittagsruhe ist. Irgendwann wird es funktionieren." Und tatsächlich. Heute, ungefähr acht Jahre später, ist diese Mittagspause bei uns fest etabliert, und ich glaube, das Kind genießt die kleine Atempause mitten am Tag ebenso wie ich. Wie dankbar bin ich der Freundin für diesen guten Ratschlag! Und neulich hat sie mir – wahrscheinlich ganz unbewusst – noch eine weitere tolle Anregung gegeben: Es war ein schöner Spätsommertag. Wir saßen kaffeetrinkend in ihrem wunderschönen Garten, der sich um das ganze Haus erstreckt. Blumen blühten neben reifen Tomaten, Salatköpfen und Zucchini. Man konnte ahnen, wie viel fleißige Arbeit dahintersteckte. Aber zwischen den verschiedenen Beeten, dem Hasenstall und dem Komposthaufen waren auch kleine lauschige Plätzchen. Hier eine Sitzgruppe, dort ein Liegestuhl oder eine kleine Bank. Als ich mich bewundernd darüber äußerte, verriet mir die Freundin ihren Plan, an der Rückseite des Hauses auch noch einen kleinen Ruheplatz anzulegen. „Dann habe ich zu jeder Tageszeit die Möglichkeit, mich an irgendeiner Stelle meines Gartens in die Sonne zu setzen", sagte sie voller Freude. Was für ein Luxus, so viele Ausruh-Plätze zu haben! Ehrlich gesagt war ich zuerst ein wenig entrüstet. (Ähnlich wie bei ihrem Vorschlag mit der Mittagspause). Aber dann hat es mich auch ganz schön beeindruckt, wie diese fleißige Freundin es hinbekommt, sich für jede Tageszeit die Möglichkeit zu schaffen, eine kleine Pause einzulegen und ihr Gesicht in die Sonne zu strecken. Anstatt im Rückblick neidisch darüber zu sein, merke ich, wie mich diese Freiheit ansteckt. Und ich überlege, wo ich mir vielleicht auch kleine Ruheplätze einrichten könnte. Eine kleine Kaffeepause am Morgen, BEVOR die Schultern schmerzen und ich mich ausgestreckt auf den Boden legen muss, weil ich einfach nicht mehr weiterschreiben kann? Oder diesen kleinen Moment am Nachmittag nutzen, wenn die Sonne auf die Bank am Esstisch fällt und einem so schön den Rücken wärmt. Oder am Abend den Sessel vor den Ofen rücken oder im Sommer die Bank auf dem Balkon nutzen und für einen Moment den schönen Abendhimmel beobachten? Ich könnte diese Ruhepausen einfach innerlich einrichten, wie die möglichen Ausruhplätze in einem Garten, deren freundlicher Einladung man ab und zu folgen könnte.

Als heute nach einem trüben Vormittag plötzlich die Sonne durch die Wolken gebrochen ist, musste ich lächelnd an die Freundin denken. Auf welcher Seite ihres Hauses sie vielleicht jetzt gerade die Füße ausstreckt.

Das Herumschlurfen der Seele

Tomas Sjödin schreibt in seinem wunderbaren Buch „Warum Ruhe unsere Rettung ist" über das Bedürfnis der Seele, in Morgenmantel und Pantoffeln herumzuschlurfen. Über *„das Recht, einen halben Tag darüber nachzudenken, was zu tun ist, aber nicht damit anzufangen"*. Nur das Nützliche zu tun, ermüdet die Seele! *„Das gute Gefühl, etwas geschafft zu haben, gehört genauso zum Leben wie die Tage, an denen man nichts auf die Reihe bekommt. Auch der Geschmack des Nützlichen ist besser, wenn man ihn nicht immer auf der Zunge hat"*, so Sjödin.[25]

Was für ein wunderbares Bild: die Seele, die in Morgenmantel und Pantoffeln herumschlurfen darf. Der Sonntag ist auch dafür ganz wunderbar geeignet.

Ein Sandwich für die geistige Gesundheit!

Meine Seelsorgerin attestierte mir einmal: „Christina, du hast eine kleine Kraft!" Was meine Freundin, die mit dabeisaß, in zustimmendes Gelächter ausbrechen ließ. Ich musste auch lachen. Was soll's?! Es ist leider wahr! So ist das bei mir. Von einer, die ebenfalls mit kleiner Kraft gesegnet ist, habe ich folgenden hilfreichen Tipp bekommen: Wenn sie einen besonders vollen und anstrengenden Tag vor sich hat, packt sie ihn in ein „Sanity-Sandwich" – ein Sandwich, das sie davor bewahren soll, den Verstand zu verlieren. Das bedeutet: Sie achtet darauf, dass der Tag davor und auch der Tag danach ruhiger ablaufen können. Wie zwei größere Pausen, die man ganz bewusst einplant, wenn eine anstrengende Wegstrecke bevorsteht. Manche von uns brauchen das – in manchen Lebensphasen ganz besonders. Wir könnten mit diesen Tagen, die wir mit kleiner Kraft erleben, Frieden schließen, unserer Seele das *Herumschlurfen* gönnen und allen, die kraftvoll vorbeimarschieren, fröhlich zuwinken. Wir sehen uns wieder – spätestens, wenn ihr uns überrundet habt (siehe Kapitel Rundwege gehen).

17 Sonntagsfahrer und der Segen von Verzögerungen

Es war gestern Morgen auf unserem Weg zum Sonntagsgottesdienst. Der Mann sitzt am Steuer, das Kind auf der Rückbank, ich habe mich auf den Beifahrersitz gequetscht. Sobald wir losfahren, kommt es schon nörgelnd von mir: „Jetzt fahr doch nicht so gehetzt!" Der Mann versichert mir, dass er auch nicht schneller fährt als sonst. Ich halte meine Klappe. Für ein paar Minuten. Dann klage ich wieder: „Jetzt nimm doch die Kurve nicht so schnell! Wir sind doch nicht auf der Flucht!" Der geduldigste Mann der Welt schaltet schweigend in ein langsameres Tempo. Mir ist es immer noch zu schnell. Am Ortsausgang explodiere ich: „Heute ist Sonntag! Können wir bitte LANGSAM fahren!" Mein Mann bremst auf offener Strecke ab, und endlich tuckern wir im – was mich angeht – angemessenen Tempo über die Landstraße. Im Rückspiegel sehe ich ein Auto, das bedrohlich nah an unserer Stoßstange klebt. Und plötzlich fällt es mir wie Schuppen von den Augen: Wir sind Sonntagsfahrer! Wir sind (dank mir!) das Auto, über das ich mich früher immer aufgeregt habe! Nur dass wir keinen alten Mercedes fahren, mein Mann keinen Hut trägt und der Wackeldackel samt gehäkeltem Klopapierüberzug auf der Hutablage fehlt. Früher war man wenigstens gewarnt, könnte man sagen. Gestern, bei langsamer Fahrt, dachte ich zum ersten Mal über diesen Sonntagsfahrer von damals nach: Ein meist älterer Mensch, der einmal die Woche seinen gut geschonten Wagen für eine Spazierfahrt aus der Garage holte und ohne drängenden Termin die Fahrt genießen konnte – ganz nach dem Motto: Der Weg ist das Ziel! Was gibt man heute Geld aus für Klostertage und Achtsamkeitsseminare mit Tipps zum Entschleunigen! Dabei könnte man einfach einen Sonntagsfahrer buchen und dankbar hinter ihm das Tempo drosseln, anstatt schimpfend an seiner Stoßstange zu hängen und auf die nächste Gelegenheit zum Überholen zu warten.

Auch im Alltag gibt es solche „Sonntagsfahrer" auf unserer Strecke. Ganz ohne Auto und Hut. Menschen und Situationen, die unser Tempo verlangsamen. Es kann ein kurzer Moment sein: das Kind, das stehen bleiben will und deshalb an meiner Hand zerrt. Die ältere Frau vor mir an der Kasse, die umständlich nach ihrem Geldbeutel sucht. Der Stau auf der Straße oder die Verspätung der Bahn, die mich nicht pünktlich zum nächsten Termin erscheinen lässt. Manchmal ist es auch eine längere Strecke, die uns zur Langsamkeit zwingt: eine Erkrankung. Arbeitslosigkeit. Ein Mensch, der über längere

Zeit intensive Versorgung benötigt und wir deshalb – gefühlt – zu nichts anderem mehr kommen. In diesen erzwungenen Lebenspausen können wir uns entweder dem Stress hingeben, ungeduldig aufs Lenkrad trommeln und verzweifelt darauf hoffen, dass es bald wieder weitergeht. Oder wie nehmen diese Momente und Zeiten bewusst an und erleben sie als eine stille Einladung, zu dem zu kommen, der uns Ruhe und Frieden schenken kann.

Falsch anstellen

In dem fantastischen Buch *„The ruthless Elimination of hurry"* macht John Mark Comer diesen – wie ich finde, sehr herausfordernden! – Vorschlag: Wir könnten uns doch ab und zu beim Anstellen an der Supermarktkasse nicht die kürzeste, sondern die längste Schlange aussuchen. Ernsthaft?! Ich bin inzwischen Profi darin, den schnellsten Weg zur Kasse zu finden, und würde nur dann die längere Schlange wählen, wenn an der anderen Kasse ein neuer Mitarbeiter sitzt. Aber Comer meint tatsächlich, dass wir uns einfach mal dort anstellen sollen, wo es vermutlich am längsten dauern wird. Das würde uns helfen, von der Gesellschaftsdroge „Geschwindigkeit" runterzukommen. Wir könnten die Zeit nutzen, um zu beten und mit der Kassiererin ein paar freundliche Sätze zu wechseln. Vor allem aber wäre es eine gute Übung für unsere Seele, wenn wir ihr ab und zu etwas vorenthalten, wovon wir meinen, dass es uns zusteht (in diesem Fall: schnell bedient zu werden). Dadurch könnten wir auch in anderen Lebenssituationen, in denen wir benachteiligt oder übergangen werden, gelassener reagieren.[26] Ich bin versucht, das auszuprobieren. Zumindest ab und zu …

Die Zeit nehmen, die es braucht

Ein Sonntagsfahrer der ganz besonderen Art war eins meiner liebsten Kinder in der Behinderteneinrichtung, in der ich gearbeitet habe. Das Wichtigste, was wir neuen Mitarbeitern zuerst einschärften, war: „Versucht, nichts zu beschleunigen! Nehmt euch ausreichend Zeit! Wenn ihr hektisch werdet, dann riskiert ihr einen seiner schweren Krampfanfälle. Lasst den Schulbus notfalls ohne ihn fahren. Lasst die Wäsche liegen, und wenn die Schultasche nicht richtig gepackt ist: Egal! Macht langsam!" Und wir reden hier von: *richtig* langsam. Ein halber Becher Saft, mit einer kleinen Spritze verabreicht, konnte gut und gerne eine halbe Stunde in Anspruch nehmen. Wir haben uns morgens oft darum gerissen, ihn zu versorgen! Dieser Junge strahlte eine Ruhe aus, die auf jeden überging, der sich mit ihm beschäftigte und bereit war, sich seinem Tempo anzupassen. Und dabei ist er schneller als wir alle am Ziel angekommen. Dort, wo es keine Krampfanfälle und Schmerzen mehr gibt. Das Geschenk, das er mir und vielen anderen hinterlassen hat, ist folgendes: Nimm deine Ziele nicht so wichtig! Nimm dir Zeit für die Dinge, die einfach ihre Zeit brauchen. Und: Schau dich um, genieße den Weg! (Die Strecke könnte kürzer sein, als wir ahnen.)

18 Akku aufladen

Der seit Jahren am häufigsten aufgerufene Beitrag auf meinem Blog ist: „Akku aufladen". Unter dieser Überschrift locke ich wohl unbeabsichtigt eine große Anzahl von Menschen auf meine Seite, die einfach nur wissen möchten, wie sie ihre neue Solarlichterkette zum Funktionieren bringen. Als wir uns so ein Teil gekauft und auf dem Balkon angebracht haben, hielt sich unsere Begeisterung erst mal in Grenzen. Die Lichtlein leuchteten sehr schwächlich und armselig. Man konnte sie fast klagen hören: „Wie sollen wir denn ohne Strom leuchten?" Als sie dann am nächsten Abend das Leuchten völlig verweigert haben, kam mir die brillante Idee, in die Betriebsanleitung zu schauen. Folgendes war zu lesen:

„Vor der ersten Inbetriebnahme ist zu beachten: Stellen Sie den Schalter nicht auf ON, bevor Sie der Solarleuchte mindestens 48 Stunden (z. B. 4 Tage) in der OFF-Position zum Aufladen im direkten Sonnenlicht gegeben haben."

Aha! Jetzt ging mir ein Licht – nein: eine ganze Lichterkette! – auf! Ich hatte es versäumt, meinem Solarlicht eine längere Zeit in der OFF-Position in der Sonne zu gönnen. Deshalb hielt das Leuchten immer nur kurz an! Also schenkte ich ihr ein paar Tage Auszeit, und siehe da: Als ich sie danach eingeschaltet habe, leuchtete sie zu meiner Freude hell auf. Darüber berichte ich auf meinem Blog. Und ich behaupte mal, dass ich so einigen damit helfen konnte. Aber hier endet mein Erfahrungsschatz nicht. Denn die kleine Lichterkette hat mir ganz neu klargemacht, dass auch wir Menschen ab und zu eine längere Auszeit benötigen, um unseren Akku aufzuladen. Es gibt Zeiten in unserem Leben, die sind kraftraubend, die verlangen uns so viel ab, dass sie uns im wahrsten Sinne des Wortes an die Substanz gehen. Natürlich sind da kurze Pausen auch nicht wertlos. Aber es ist wie bei einem Akku, bei dem man sich immer nur kurz Zeit nimmt fürs Aufladen: Innerhalb kürzester Zeit ist er wieder im roten Bereich und braucht erneut Ladezeit. Wenn uns das Leben zutiefst erschöpft hat, dann benötigen wir ausreichend Zeit, um uns wieder aufzufüllen! Kein Mensch kann durchgehend leuchten! Wir alle brauchen die Zeiten, in denen wir uns einfach nur den Strahlen und der Liebe Gottes hinhalten.

Aus-Zeit

Eine Freundin von mir arbeitet als Lehrerin, und sie hat sich an ihrer Schule bewusst nur mit 75 Prozent anstellen lassen. Sie arbeitet aber tatsächlich 100 Prozent. Das hat zur Folge, dass sie sich alle paar Jahre eine längere Auszeit nehmen kann. Heute Morgen saß sie an unserem

Frühstückstisch. Es sind nur noch wenige Wochen bis zu den Sommerferien. Dann beginnt ihr Schabbatjahr. Sie hat laut darüber nachgedacht, was sie in dieser Zeit wohl tun wird. Wohin sie vielleicht gerne reisen möchte. An welchem Ort sie geistlich auftanken könnte. In ihrem Gesicht hat sich die Anstrengung der letzten Pandemie-Monate eingezeichnet. Aber da war auch ein Glitzern in ihren Augen, eine Vorfreude auf alles, was bald möglich sein kann. Und nach einem Jahr wird sie dann zurückkehren. Zu ihren Kollegen. Zu den Schülern. In ihre Gemeinde. Und in ihre Nachbarschaft. Und leuchten.

Mal abschalten

Spüre ich die Sehnsucht in mir, einfach mal abzuschalten? Und wenn ja: Wo wäre im Moment so eine Offline-Position möglich? Es muss ja nicht gleich ein ganzes Jahr sein. Vielleicht genügt ein Stille-Wochenende. Oder die Entscheidung, eine Verantwortung, die ich übernommen habe, die mir aber im Moment zu viel Kraft abverlangt, für eine bestimmte Zeit abzugeben. Oder es ist einfach der Entschluss, für einen längeren Zeitraum konsequent früher ins Bett zu gehen. Oder im Bekanntenkreis eine kleine „Aus-Zeit" ankündigen. Wie auch immer unsere Möglichkeiten sind: Ab und zu benötigen wir alle eine Zeit, in der wir ein bisschen länger abschalten können. Um neu gefüllt zu werden.

19 Jubelzeit!

„Sechs Jahre sollst du dein Land besäen und seinen Ertrag einsammeln. Aber im siebten sollst du es brach liegen lassen und nicht bestellen, damit die Armen deines Volkes davon essen. Und was sie übrig lassen, mögen die Tiere des Feldes fressen. Ebenso sollst du es mit deinem Weinberg und deinem Ölbaum halten." (2. Mose 23,11)

Ich bin keine Landwirtin, aber so viel weiß ich: Was Gott seinem Volk hier als Anordnung gibt, entspricht den heutigen Erkenntnissen vom Ackerbau. Nicht nur wir Menschen benötigen Zeit, um unseren Akku aufzuladen – auch der Erdboden braucht längere Ruhepausen. Früher war es deshalb üblich, immer einen Teil seiner Felder brach liegen zu lassen. Und bei all dem hatte Gott auch die Armen und Benachteiligten besonders im Blick. Diejenigen, die eben nicht so effektiv sind, deren Leben nicht auf fruchtbarem Ackerland gepflanzt wurde. Sie würden ganz besonders von dem Schabbatjahr profitieren und auf den brach liegenden Feldern einsammeln, was sie zum Leben brauchen. Und im Jubeljahr (jedes siebte Schabbatjahr) sollten ihnen alle Schulden erlassen werden, und das Land, das wegen der Schulden verpachtet wurde, sollte seinem ursprünglichen Eigentümer zurückgegeben werden. Ich schreibe „würde" und „sollte", weil es leider keine Belege dafür gibt, dass diese Anordnungen Gottes jemals von seinem Volk eingehalten wurden. Und so liest es sich fast wie eine logische Konsequenz, was in 3. Mose 26, 34–35 steht: *„Euer Land soll verwüstet liegen, weil es nicht geruht hat an euren Schabbaten."* Und was schon das Volk Israel nicht auf die Reihe bekam, bekommt der Rest von uns auch nicht wirklich hin. Anstatt Gottes guten Anweisungen zu folgen, beuten wir Menschen aus und benachteiligen die Armen. Gerodete Wälder und erschöpfte Böden erinnern an unsere Gier und unsere Unfähigkeit, gut und achtsam mit Gottes Schöpfung umzugehen. Der Wunsch, effektiv zu sein und ohne Unterbrechung Frucht zu bringen, treibt viele von uns an – gerade auch im geistlichen Bereich. Wir beuten unsere Begabungen aus und ignorieren dabei ihre natürlichen Begrenzungen. Vielleicht sollten wir an den heilsamen „Fruchtwechsel" denken, der im Ackerbau zunehmend seine Bedeutung zurückgewinnt, weil er den Boden nicht einseitig auslaugt. Ab und zu tut es uns gut, etwas Neues in die Hand zu nehmen oder eine Sache auszuprobieren, die wir schon längst mal versuchen wollten. (Ich habe mit dem Schreiben in einer Lebensphase begonnen, in der mein Boden zu erschöpft war für alles andere!) Oder vielleicht könnten wir uns ab und zu – mindestens aber alle sieben Jahre – einmal dem widmen, was Gott für das Jubeljahr vorgesehen hat: Unseren Reichtum neu verteilen. „Bedient euch!"-Schilder an unsere fruchttragende Bäume hängen und alle Hungrigen zu einem Fest einladen. Das würde unserem Lebensboden neue Vitalität schenken und uns – und andere – zum Jubeln bringen!

Jubel-Sonntag!

„Schabbat", so schreibt es die Theologin Barbara Brown Taylor, „ist der große Gleichmacher!"[27] Er bringt Arme und Reiche wieder an einen Tisch. Schuldner und Kreditgeber. Und dann wird Reichtum neu verteilt und Schulden werden gestrichen.

Es muss ja nicht gleich ein ganzes Jahr sein: Wie wäre es, ab und zu einen „Jubel-Sonntag" einzulegen? Einen Tag, an dem wir ganz bewusst jemandem etwas schenken, was er von uns geliehen hat und bisher nicht zurückgeben konnte. Oder diese eine Sache vergeben, die wir diesem Menschen doch immer noch vorhalten. Dem anderen nichts mehr anrechnen. Und die Hände für einen Neuanfang frei haben.

Fruchtwechsel oder:
Etwas Neues ausprobieren

Und auch über das könnte man an einem „Jubel-Sonntag" nachdenken: Gibt es etwas, was ich gern einmal ausprobieren würde? Etwas ganz anderes? Das kann so eine kleine Sache sein wie: sich das Nähen von einer Freundin beibringen lassen, eine neue Sprache lernen oder für den nächsten Sommer eine Urlaubsreise in ein neues Land planen (was für unsere Familie, die immer ähnliche Ferienziele anvisiert, eine kleine Herausforderung bedeuten würde!). Oder diese eine Sache wagen, die man schon so lange mal machen wollte. Mach es! Probiere es aus! Es kann ja nicht mehr als schiefgehen, und man kann gegebenenfalls wieder ins Gewohnte zurückfallen. Aber der Lebensboden könnte dadurch deutlich gelockerter und nachhaltig erholter sein.

20 Feierabend machen

*„Und Gott sah an alles, was er gemacht hatte, und siehe:
Es war gut."* Dieser kleine Satz leuchtete mir neulich
so richtig aus dem Schöpfungsbericht entgegen: Was
mich dabei berührt hat, war die Tatsache, dass dieser
Satz nicht am Ende der Geschichte steht, sondern er
wiederholt sich an jedem Abend, an dem Gott wieder
ein Stück mehr erschaffen hat. Mittendrin, Abend für
Abend, während der Schöpfer sein Werk ausführt (und
bis heute ist er ja Tag für Tag dabei, Neues zu schaffen!),
betrachtet er sein Werk mit Freude, und *siehe: Es war
gut!* Ach, wie gerne würde ich so zufrieden meine Tage
betrachten! Aber ganz oft schaffe ich das nicht. Wenn
ich beispielsweise abends nach getaner Arbeit im Garten sitze, fällt mein Blick viel zu häufig auf all das, was
noch zu tun ist – auf den morschen Holzstand oder das
Unkraut, das schon wieder eifrig in den Blumenbeeten
wuchert –, anstatt mich einfach über den gemähten Ra-
sen zu freuen.

Was mir so schwerfällt, kann mein Mann richtig gut:
Feierabend machen! Er findet Zufriedenheit am Abend
seiner Tage. Er kann sich mit der Zeitung und dem

Feierabendbier in der Hand in den Garten setzen und das, was er geschafft hat, mit Freude betrachten. Auch wenn es vielleicht nicht immer als *gut* zu bezeichnen ist, sondern eher als *auf dem Weg, gut zu werden* (frühestens in einigen Monaten). Ich möchte das so gerne lernen: Feierabend machen. Die Arbeit am Ende des Tages und auch am Ende einer Woche bewusster beenden. Auch wenn vieles erst am Werden ist. Auch wenn manches noch wüst und leer scheint. Ich will meinen Blick schweifen lassen über all dem Guten, was mich umgibt, und das betrachten, was bereits geworden ist. Was aufgewachsen ist (manches gänzlich unbemerkt). Was mir heute gut gelungen ist. Woran ich auch grandios gescheitert bin. Und was auf dem Weg ist, gut zu werden. Nicht heute, aber bestimmt irgendwann. Wahrnehmen, welche Schätze ich habe. Welche Narben ich trage. Und was für Geschichten ich damit erzählen kann. Ich will anschauen, was ist. Und es für heute gut sein lassen.

Den Moment zum Aufhören finden!

Der offizielle Start des Schabbats ist der Sonnenuntergang am Freitagabend. Ursprünglich, also in der Zeit vor Einführung der Uhren, war der Beginn dann angesetzt, „wenn man einen grauen Wollfaden nicht mehr von einem blauen unterscheiden kann". Das sind natürlich alles etwas dehnbare Begriffe. (Ich komme langsam in das Alter, an dem ich die Farbe dieser Wollfäden schon ab dem frühen Mittag nicht mehr voneinander unterscheiden kann!) Heute sind in vielen jüdischen Haushalten die genauen Sonnenuntergangszeiten notiert und zum Beispiel am Kühlschrankmagnet abzulesen. Viele haben den Brauch, 18 Minuten vor dem offiziellen Beginn die Kerzen anzuzünden, einfach damit man den Beginn des Schabbats auch ja nicht verpasst. Man kann diese Bemühungen belächeln. Mich lehren sie etwas darüber, wie wichtig (und auch wie schwierig!) es ist, den Punkt zum Aufhören zu finden. Seit einiger Zeit versuche ich deshalb, am Samstagabend gegen 19 Uhr meinen Computer und mein Handy auszuschalten, den Putzlappen zur Seite zu legen und die Vorbereitungen für den Gottesdienst zu beenden. Ich hole unsere Schabbatkerze aus dem Regal und stelle sie auf den Tisch. Der Zeitpunkt, zu dem wir sie anzünden, ist meistens, kurz bevor meine zwei Mitbewohner die Sportschau einschalten. Das ist sehr profan und wenig geistlich, aber es ist einfach unsere derzeitige Lebensrealität. Wir zünden also unsere Kerze an und wünschen uns „Schabbat Schalom!" – einen gesegneten Ruhetag. Wir danken Gott für diesen Tag, der nun vor uns liegt, und bitten um seinen Segen. Wir machen Feierabend und beginnen den Festtag mit Fußballjubel, Fertigpizza und Herzen, die sich danach sehnen, gefüllt zu werden. Je mehr die Dämmerung hereinbricht, umso heller leuchtet die

Kerze auf unserem Tisch. Wie ein warmer Lichtschein im Fenster, den man nach einer langen Wanderung erblickt, leuchtet sie mir den Weg nach Hause.

Ausatmen

Als Gott am siebten Tag ruhte, atmete er aus. (Ausatmen ist ein anderes Wort für „erfrischt werden", das im 2. Buch Mose über die Ruhe Gottes verwendet wird.) Was für ein schönes Bild: Gott atmete ein und erschuf die Welt. Und dann atmete er aus und ruhte. Und in alle seine Lebewesen hat er diesen Rhythmus des Ein- und Ausatmens hineingelegt. Nach jedem Herzschlag gibt es einen Moment der Ruhe, und nach jedem Ausatmen ruhen unsere Lungen für einen winzigen Augenblick, bevor wir wieder einatmen. Wir atmen nicht deshalb aus, weil wir genug Sauerstoff für den Rest unseres Lebens eingeatmet haben, sondern gerade so viel, wie wir für diesen Moment benötigen.[28] In der Zeit meines größten Burn-outs hat mir meine Therapeutin einfach diese Aufgabe gegeben: „Legen Sie sich immer wieder auf Ihr Bett und atmen Sie ruhig ein und aus. Ganz langsam. Ganz bewusst." Nach einiger Zeit fiel mein unruhig schlagendes Herz wieder in eine langsamere und gleichmäßige Gangart. In den *ungezwungenen Rhythmus der Gnade.*

4. TEIL

Aus der Ruhe leben

„Wir müssen Gott finden – und wir können ihn
nicht im Lärm und in der Unruhe finden. Gott ist ein
Freund der Stille. Schau, wie alles in der Natur – Bäume,
Blumen, Gras – in Stille wächst. Schau auf die Sterne,
den Mond und die Sonne, wie sie sich in Stille bewegen.
Wir brauchen Stille, um die Seele berühren zu lassen."

MUTTER TERESA

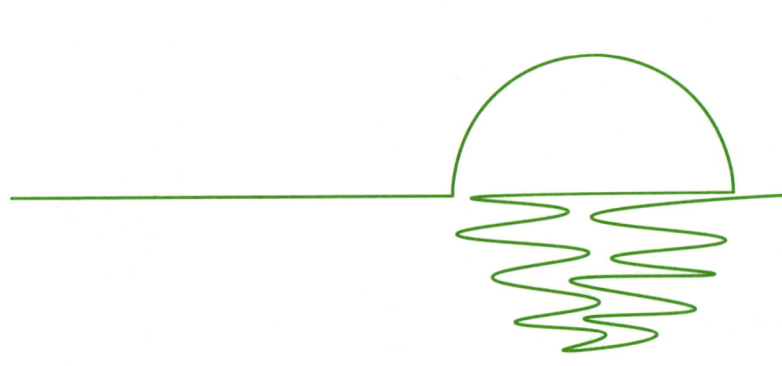

21 Stilles Wasser

Es war ein stürmischer Urlaubstag an der Küste Cornwalls. Ich war dort mit einer Freundin für ein paar abschließende Urlaubstage, nachdem wir gemeinsam eine große christliche Konferenz besucht hatten. Dort erlebten wir lauten und wunderbaren Lobpreis, berührende Predigten und Gottes kraftvolles Wirken – wie ein frischer Platzregen, der über uns niederging. Wir waren Zeugen von Heilungen, Befreiungen und anderen Dingen, die Jesus wirklich und wahrhaftig tun kann. Viele junge Menschen hatten zum ersten Mal in ihrem Leben eine Begegnung mit dem lebendigen Gott. Immer wieder ging ich tränenüberströmt auf die Knie vor Liebe und Ehrfurcht über unseren großen Gott. Und nun waren wir hier. An der wilden Westküste Englands wollten wir noch ganz in Ruhe Zeit mit Gott verbringen. Jeder für sich. Wir verabschiedeten uns am Campingplatz, und jede nahm eine andere Route Richtung Strand. Frierend saß ich nach einem längeren Spaziergang auf einer Sanddüne, da tauchte auch schon die Freundin wieder auf. Neben der Kälte spürten wir auch das: Es ist nicht einfach, die Stille auszuhalten. Dieses einfache Vor-Gott-Sein.

Besonders nach lauten und angefüllten Tagen. Und doch ahne ich: Alle Erlebnisse, all das Wirken Gottes, wonach ich mich zutiefst sehne, hat seinen Anfang genau hier: in der Stille vor Gott. Im Hinhören. Im Anschauen-Lassen und im ruhigen Gespräch mit ihm. Hier finde ich Zugang zur Realität dieser wunderbaren Liebe, die in meinem Leben und in dieser Welt am Wirken ist.

Dallas Willard schreibt über das Erlebnis, das uns die Stille schenkt:

„Zum einen spürst du, dass du eine Seele hast. Zum anderen, dass Gott nahe ist und das Universum erfüllt ist von Gutem ... Die Heilung für „Zu-viel-zu-tun" ist Abgeschiedenheit und Stille, denn hier entdeckst du, dass du geborgener und sicherer bist als in all deinem Tun. Und die Heilung für deine Einsamkeit ist die Stille, denn in ihr entdeckst du, dass du auf so viele Arten und Weisen niemals alleine bist. Wie trübes Wasser plötzlich klar wird, wenn es für eine Weile still daliegt, so wird uns eine neue Klarheit geschenkt. Wir erkennen, dass wir die Dinge, die wir tun, nicht tun müssen – nicht einmal die Dinge, die wir wollen ... Bald schon wirst du erkennen, was es bedeutet, aus Gnade zu leben, anstatt nur darüber zu reden. Das sind die Früchte, die aus der Abgeschiedenheit und Stille wachsen."[29]

Die Früchte, nach denen ich mich sehne und mit denen wir auf dem Kongress in England so gesegnet und erfrischt wurden, wachsen aus der Stille vor Gott. Nicht nur deshalb will ich mich ihr immer wieder ganz bewusst aussetzen. Auch weil ich diese Sehnsucht in mir spüre, genau das in mir zu tragen (und weiterzugeben), was Dallas Willard so wunderbar beschreibt: diese Freiheit in meinem Handeln. Dieses Ergriffensein von der Gnade. Dafür setze ich mich gern frierend ans Meer und warte darauf, dass Jesus die unruhigen Wellen in mir still macht und ich mit neuer Klarheit weitergehen kann.

Gott hat die Ruhe für uns geschaffen

„Er (Gott) führet mich zum stillen Wasser"[30], schreibt der Schafhirte und spätere König David, der sein halbes Leben auf der Flucht war. Auf Hebräisch steht hier: Er führt mich zu dem Wasser der Ruhe. *Menuchot.* Dasselbe Wort steht im Schöpfungsbericht, als Gott am siebten Tag ruhte. Die Rabbiner drücken es so aus: Am siebten Tag hat Gott diese Ruhe für uns erschaffen! *Menuchot* bedeutet so viel mehr als Nichts-Tun. Abraham Heschel umschreibt es mit „die Essenz des guten Lebens."[31] Vielleicht ist es am besten mit unserem Wort „Seelenfrieden" zu beschreiben. Ein Zustand von heiterer Gelassenheit, gepaart mit tiefem Glück und heilender Ruhe. Die Theologin Marva Dawn erklärt *Menuchot* mit dem Trost und der Ruhe, die ein Kind erlebt, wenn es von Vater oder Mutter sicher gehalten und sanft hin und her gewiegt wird.[32] Gott lädt uns ein, in diese Ruhe zu kommen. Woche für Woche. Und wann immer wir Durst haben nach diesem stillen Wasser.

Zur Quelle kommen

Doro, Mama von drei kleinen Mädels schreibt mir:

„Da mein Alltag recht turbulent ist, brauche ich zwei feste und ganz zentrale Termine mit Jesus. Das sind der Sonntag und der Mittwochabend. Dann ziehe ich mich mit Jesus bei Kerzenschein, einem Notizbuch, meiner Bibel und einer Tasse Tee aufs Sofa zurück und lasse mich in seine liebenden Arme fallen. Oft sitze ich nur da und lausche mit der Eingangsfrage: Jesus, was möchtest du mir heute sagen oder zeigen? Meine Atmung wird ruhiger und die Gedanken langsamer. Ich versuche mich auf Gott auszurichten, denn er ist meine Quelle. Unabhängig davon, ob mir auf meine Frage geantwortet wird, gehe ich gestärkt aus dieser Stillen Zeit und weiß mich geliebt – trotz oder auch wegen meiner Fehler."

22 Langsam ankommen

„Bei Gott allein findet meine Seele Ruhe."

Psalm 62,2 (NGÜ)

Er kommt zurück. Ich erkenne es an der stürmischen Art, wie die Türglocke mehrfach läutet und die Haustür mit vollem Schwung aufgestoßen wird. Dann dringt lautes Rufen an mein Ohr, gepaart mit schnellem Treppengetrampel, bevor ein Ranzen ungeduldig in die Ecke gepfeffert wird und ein völlig verdrecktes Kind mit einem ungeduldigen „Was machen wir heute?" vor mir steht. Aufgeladen von der Anspannung eines ganzen Vormittags in der Schule dauert es auch meistens nicht lange, bis er in wütendes Geheul ausbricht über irgendeine völlig ungerechte Sache, die ihm auf dem Heimweg oder eben beim Betreten der Wohnung passiert ist. Ach, meine Vorstellung, wie ein fröhliches Kind mir nach der Schule in die Arme springt und sich dankbar an den vorbereiteten Mittagstisch setzt, an dem wir ruhige und gepflegte Gespräche führen, ist ein trügerisches Bild, das sich wahrscheinlich durch irgendeine hirnverbrannte Fernsehwerbung in mir eingepflanzt hat. Die

Realität sieht anders aus. Zumindest bei uns. Es braucht immer eine Weile, bis wir uns alle ein wenig beruhigt haben, die Gefühle wie aus einem Überlaufventil abfließen konnten (Überlaufventil ist hier das Synonym für Mutter oder Vater!) und langsam Frieden einkehrt. Ich fürchte, die meisten von uns kommen ähnlich aufgeladen wie mein Kind bei Gott an. Nicht selten sind unsere Herzen so aufgewühlt wie die See an der Küste Cornwalls – voll von einem wilden Gemisch aus Emotionen, Sorgen und Bedürfnissen, die sich in uns aufgestaut haben. Wie gut, dass Gott uns nicht mit einer Idealvorstellung von dieser Zeit an der Tür empfängt. Wie gut, dass er da ist und voller Freude seine Arme nach uns ausstreckt, egal, wie aufgewühlt und dreckverkrustet wir auftauchen. Er schenkt uns Zeit zum Ankommen. Wir dürfen alle Unruhe loswerden und alles vor ihm ausschütten, bevor er uns an sein Herz zieht, um uns zu segnen. Mit Frieden. Und mit allem Guten, das in seiner Nähe zu finden ist.

Auslaufen lassen

Von den sportlichen Menschen in meinem Umfeld habe ich erfahren, wie wichtig das Auslaufen nach einem langen Rennen ist. Es erleichtert dem Nervensystem den Übergang von der Leistungs- in die Erholungsphase. Deshalb ist es ungesund, nach einer ausgedehnten Laufrunde abrupt abzubremsen. Vielleicht sollten wir unserer Seele auch eine kleine „Auslaufzeit" gönnen, besonders dann, wenn eine volle Woche – oder ein voller Tag – hinter uns liegt. Hier sind einige der Dinge, die mir dabei helfen, mein inneres Tempo zu verlangsamen:

- Gedanken in mein Tagebuch schreiben.
- Langsam einen schönen Text, einen Liedvers oder ein Gedicht lesen.
- Eine Kerze anzünden.
- Eine ruhige Lobpreis-CD einlegen und ganz bewusst zwei oder drei Lieder hören.
- Mit ruhiger Stimme einen Psalm lesen oder einen Psalm abschreiben.
- Eine kleine Runde spazieren gehen.
- Einen Bibelvers malen.
- Den Umgebungsgeräuschen lauschen, ein paar Minuten die Augen schließen und ruhig ein- und ausatmen (und z. B. beim Einatmen *Jesus* beim Ausatmen *Christus* denken).
- Eine warme Tasse Tee in die Hand nehmen und sie langsam und genüsslich schlürfen.
- Mit Gesten beten. Zum Beispiel die Handflächen nach unten halten und innerlich alles loslassen, was war. Danach die Handflächen nach oben drehen und sich innerlich darauf ausrichten, das Gute zu empfangen.

- Auf dem Balkon sitzen und mit fließendem Atem Seifenblasen machen.
- Zuschauen, wie der Wind die Bäume bewegt.
- Ankommen.

3 km/h

Wenn wir uns nach einem langsameren Lebenstempo sehnen, kann es tatsächlich helfen, langsamer zu gehen. Die Geschwindigkeit beim gemütlichen Spazierengehen ist ungefähr 3 km/h. Wir schlendern. Oder flanieren, wie die Aristokraten unter uns sagen würden. Es könnte eine schöne kleine Übung für den Sonntag sein, einmal langsamer zu gehen und sich vielleicht sogar ohne ein bestimmtes Ziel auf den Weg zu machen. Sich Zeit nehmen. Über das Schöne am Wegesrand staunen. Mit den kleinen Kindern in die Knie gehen. Einen freundlichen Gruß und ein paar Worte mit dem Entgegenkommenden wechseln. Ein ausgiebiges Gespräch mit einem Weggefährten führen: zuhören, überlegt antworten, auf neue Gedanken stoßen und Dinge sagen, die nur dann gesagt werden können, wenn man langsam nebeneinander hergeht. John Mark Comer formuliert es so: *„Wenn du mit Jesus unterwegs sein willst, lerne langsam zu gehen. Gott geht langsam, weil er Liebe ist."*[33]

23 Ruheorte

In absehbarer Zeit werden wir den Schlüssel zu meinem Elternhaus endgültig abgeben. Ich mag noch gar nicht so richtig daran denken. Es wird nicht einfach, diesen Ort zurückzulassen, der mir auf dieser Welt Heimat und Ruheort war wie kein anderer. Es sind die alten Räume des Hauses, der verwilderte Garten und die Dorfstraßen, in denen die Geschichten meiner Kindheit stecken. Da ist der Rundweg durch den Wald, den ich immer gelaufen bin, wenn ich nach einer größeren Reise wieder nach Hause zurückkam. Und das kleine Dachfenster neben dem Kamin, durch das ich an vielen Abenden den Nachthimmel betrachtet und mit Gott geredet habe. Heimatort. Gesegnet ist, wer so einen Ort im Leben findet. Man erwirbt ihn nicht durch einen Hauskauf. Er entsteht über die vielen Jahre, in denen wir dort willkommen geheißen werden, wächst mit uns auf und wird Teil unserer Geschichten. Aber selbst, wer nie so einen Heimatort hatte, kennt doch die Erfahrung von besonderen Orten. Orte, an denen wir ein inneres Ankommen spüren, die uns zum Aufatmen und Krafttanken einladen. Manche Plätze in der Natur sind solche

Einladungen – einzig durch ihre Schönheit. Andere werden deshalb zu unseren Ruheorten, weil wir sie regelmäßig zum Gebet aufsuchen. Ich hatte so einen Platz in einem Weinberg, in der Nähe unseres vorigen Wohnortes. Leider ist der Weg dorthin nun etwas weiter. Aber unser braunes, altes Ledersofa ist mit uns umgezogen. Auf ihm lasse ich mich schon seit Jahren Morgen für Morgen nieder, um mein Herz in Gottes Richtung zu halten. Ich habe den Eindruck, sobald ich mich daraufsetze, signalisiert mein Körper der Seele, dass es jetzt Zeit zum Stillwerden ist.

Und natürlich gibt es da auch diese Orte, die über Generationen von Menschen zum Gebet aufgesucht wurden. Es gibt Stellen, die wie geistliche Pforten sind, an denen einen ein Staunen überfallen kann wie Jakob in Bethel: *„Wahrlich, Gott ist hier an diesem Ort!"* *„Thin places"* nannten das die keltischen Christen. Orte, an denen der Vorhang zur unsichtbaren Welt durchlässiger scheint und deren geistliche Atmosphäre es leichter macht, mit Gott in Kontakt zu kommen. Solche „alten Quellen" sind bis heute Pilgerorte für Menschen, die sich nach geistlicher Erfrischung und einem inneren Ankommen sehnen. Manche von uns haben auch ihr ganz persönliches „Bethel". Ein Ort, an dem Gott unser Herz einmal – oder auch schon öfters – besonders berührt hat. In unruhigen und gestressten Zeiten kann es hilfreich sein, sich dorthin aufzumachen. Sich zu erinnern an das, was uns widerfahren ist. Und vielleicht eine ganz neue Begegnung mit Gott zu finden.

Und nicht zuletzt wartet am Ende unserer Pilgerreise eine ewige Heimat. Jedes Zuhause, jeder Schönheitsort und alle *„thin places"* dieser Welt sind nur ein verheißungsvoller Vorgeschmack! Wir werden ankommen an dem Ort, der alle unsere Geschichten hält. An dem wir immer willkommen und geliebt waren und sind. Wir kehren zurück zur Quelle allen Lebens, wo in Gottes liebevoller Nähe unendlich tiefste Ruhe, *Menuchot*, in unser Herz fließen wird.

„Was Menschen heute brauchen: Räume, die von Menschen gestaltet werden, aber von Gottes Geist durchdrungen sind." [34]

Asylgarten

Meine Freundin wohnt in einem wunderschönen alten Stadthaus, in das unter der Woche Menschen zur Seelsorge kommen. In Gesprächen und Gebeten werden zerbrochene Lebensteile angeschaut und liebevoll zusammengefügt. Ein Schalom-Ort. Vor ihrem Haus erstreckt sich ein gepflegt verwilderter Garten. Sie nennt ihn ihren „Asylgarten". So erlebt sie ihn für sich selbst. Ein kleiner Zufluchtsort mitten im Alltag. Und mit dem Wunsch, dass Menschen ein bisschen „Asyl vom Leben" bekommen können, öffnet sie das Gartentor immer mal wieder an einem Sonntag. Sie lädt die verschiedensten Menschen ein, und viele nehmen die Einladung an. Stadtmenschen, die einen Garten und gute Gesellschaft zu schätzen wissen. Manche lassen sich mit einem Buch auf einem der Liegestühle nieder, manche setzen sich an den Gartentisch und unterhalten sich ein wenig. Manche genießen einfach nur die Ruhe. Nichts muss passieren. Man ist einfach gemeinsam da. Sozusagen ein erwartungsfreier Raum. (Sehr selten im christlichen Umfeld!) Trotzdem verlässt so mancher den Garten mit dem Gefühl, innerlich ein bisschen mehr zusammengefügt zu sein.

In Gottes Haus

„Hier bin ich.

In der Stille dieser alten Mauern.

An diesem Ort, den Generationen vor mir zum Gebet aufgesucht haben.

Junge Frauen, die leise ihre Wünsche und Sehnsüchte geflüstert haben.

Junge Männer, die noch ein letztes Gebet sprachen, bevor sie in den Krieg zogen.

Bauern, die Gott um eine gute Ernte angefleht haben.

Glückliche Eltern, die über ihren Neugeborenen den Segen sprechen ließen.

Trauernde, die geliebte Menschen verabschiedet haben.

Alte Heilige, die mit zitternden Stimmen das Vaterunser sprachen, durch alle Zeiten ihres Lebens.

Hier bin ich.
Gemeinsam mit allen, die vor mir waren.
Die Mauern flüstern noch ihre Gebete.
Ich stimme leise mit ein."

24 Kleine Rituale pflegen

Bevor ich morgens mit der Arbeit beginne und nachdem ich noch etwas müde in der Bibel geblättert habe, halte ich meistens für einen Moment meine Hände wie eine Schale nach oben mit einer kurzen Bitte an Gott, dass er mir seine Weisheit und Liebe für diesen Tag schenken möge (manchmal besteht das Gebet auch nur aus einem tiefen Seufzer). Dann nehme ich noch einen Schluck aus der Kaffeetasse und betrachte den Morgenhimmel, während mein Computer hochfährt. Bevor ich mit dem Schreiben oder Lesen meiner Mails beginne, schalte ich mein Handy auf Flugmodus. Alle diese Handgriffe sind kleine Rituale für mich, die mir dabei helfen, zur Ruhe kommen und mich auf das zu fokussieren, was mir wichtig ist. Es gibt viele solcher Rituale, Gesten und Symbole, die wir bewusst oder unbewusst pflegen und die unseren Alltag bereichern. Oft sind es ganz gewöhnliche Handlungen, die aber etwas in sich tragen, was so viel größer und weniger fassbar ist. Die Liebe. Ein Zuhause. Unser Glaube. Beständigkeit. Fürsorge. Schönheit. Ruhe. Wie eine Flasche, die wir in den Ozean halten, füllen wir diese unfassbaren Dinge in kleine Gefäße. In Gesten. Symbole.

In die kleinen Momente unserer Tage. Auch der Schabbat ist angefüllt mit kleinen Ritualen und Gesten. Das Anzünden der Kerzen. Das gemeinsame Essen. Der Besuch der Synagoge. Das Segnen der Kinder. Das Rezitieren der Thora. Die Wiederholungen in den Gebeten.

Es sind wöchentliche Ankerpunkte, in deren einfachen Handlungen und Gesten die Seele zur Ruhe kommen und neue Kraft schöpfen kann.

Als ich in meinem Freundeskreis nach den jeweiligen Ritualen am Sonntag gefragt habe, war die Antwort meistens: „Ach, wir machen eigentlich überhaupt nichts Besonderes. Das Einzige, was wir gerade so machen, ist ..." Und dann beschrieben die meisten ein wunderschönes Ritual! Ein Pizzaessen und dazu ein guter Film am Samstagabend mit den Teenagersöhnen, eine kleine Dankesrunde beim Sonntagsessen, ein gemeinsames Gebet am Abend. Vielleicht sind die schönsten Rituale die, die unbemerkt aufgewachsen sind und die uns ganz nebenbei Trost und Zuversicht in unseren Tagen geben:

- Der ruhige Blick aus dem Küchenfenster, während der Kaffee durch die Maschine läuft.
- Das Tischgebet.
- Die Lieblingsserie nach der Arbeit.
- Die Tasse Tee neben der aufgeschlagenen Bibel.
- Die Textnachricht am Abend.
- Die Gutenachtgeschichte.

- Das Abendlied.
- Das Nachtlicht im Gang.
- Die abgelegte Armbanduhr auf dem Nachttisch.
- Ein paar Seiten lesen.
- Ein Dankgebet vor dem Einschlafen.

Eigene Rituale schaffen

Das Schöne ist: Wir können jederzeit damit beginnen, ein neues kleines Ritual zu schaffen. Dabei ist es hilfreich, es so zu gestalten, dass es sich gut und ohne großen Aufwand in den Tagesablauf (oder an einem bestimmten Festtag) einfügen lässt. Man kann auch eine bereits vorhandene Gewohnheit daran koppeln. Ein kurzer Dankesmoment beim abendlichen Zähneputzen. Oder ein kleines Segensgebet beim Verabschieden der Kinder. Ein tiefes Ausatmen, bevor man sich abends ins Bett legt. Eine Bibelstelle vor dem Frühstück lesen. Das Aufstellen einer Kerze am Samstagabend. Es muss nichts Großes sein, sondern sollte etwas sein, was man sich gut über eine längere Strecke aneignen kann. Und wenn man Kinder miteinschließen möchte, dann könnten die Tipps von Ernst Boyer hilfreich sein:

- Haltet es kurz und einfach.
- Benutzt Symbole, mehr noch als Worte.
- Gestaltet es so, dass jederzeit noch jemand miteinbezogen werden kann.

- Erlebt den Segen von Wiederholungen.
- Und: Habt Spaß! [35]

Jesus erkennen

Ich mag die Vorstellung, dass es zwischen Jesus und seinen Jüngern auch solche zarten Gesten und Rituale gab. Kleine Dinge, die in ihrer wunderbaren und wilden Zeit mit ihm vertraut und tröstlich für sie wurden. Und als der auferstandene Jesus ihnen begegnete, erkannten sie ihn genau an diesen kleinen Dingen. An der Art, wie er ihren Namen aussprach. Am liebevollen Blick. An seinem hellen Lachen, unter dem sie die vollen Netze aus dem Wasser zogen. An der Art und Weise, wie er das Brot in seine Hände nahm und es segnete und brach. Und plötzlich wussten sie: „Es ist der Herr!"

Manchmal frage ich mich, wie wir Jesus im Himmel erkennen werden. Da wird schließlich so einiges los sein, fürchte ich als eher introvertierter Mensch. Klar, im Zweifelsfall ist es der, der auf dem Thron sitzt und der die Narben an Händen und Füßen hat. Aber ich fände es schön – und hoffe auch darauf! –, wenn unsere erste Begegnung ganz persönlich wäre. Ein ruhiger, langer Blick. Ein Lächeln. Ein Händedruck. Eine kleine, vertraute Geste, und ich weiß sofort: Das ist ER! Das ist der Blick, unter dem ich gelebt habe. Das ist das Lächeln, das ich über meinen Tagen gespürt habe. Das ist die Hand, die mich gehalten hat. Das ist die Art und Weise, wie er mein Herz auf dieser Erde immer wieder zum Brennen gebracht hat. Und wenn er dann meinen Namen sagt, werden alle Zweifel ausgeräumt sein. „Mein Herr und mein Gott!"

25 Rundwege gehen

Vor einiger Zeit sind wir aus der Stadt aufs Land gezogen. Das Erste, wonach ich hier gesucht habe, war ein kleiner Rundweg über die Felder. Auch in der Stadt hatte ich so einen Rundweg. Die kürzeste Version ging bis zum Ende unserer Straße durch ein paar Häuserreihen, wo mir ein kleiner Garten und ein wild zugewuchertes Haus besonders gut gefielen, vorbei an einem parkähnlichen Spielplatz mit Kastanienbäumen und wieder zurück zu unserem Haus. Wenn mein Mann abends nach Hause kam, habe ich ihm ganz oft unseren kleinen Sohn in die Arme gedrückt und bin mit den Worten: „Ich muss mal kurz hier raus!", eilig losgegangen. Die ersten hundert Meter war ich immer schnell unterwegs. Aber Schritt für Schritt wurde ich innerlich ruhiger und mein Gang gemächlicher. Je nach Jahreszeit freute ich mich am Frühlingsduft der ersten kleinen Blüten in den Vorgärten, am warmen Asphalt nach glühenden Sommertagen, an bunten Herbstblättern und dem samtenen Glänzen der Kastanien, die vor meine Füße rollten, oder über die klare Luft nach frisch gefallenem Schnee und dem Leuchten der Lichterketten in den Fenstern. Die

Umgebung und auch mein Inneres war von Veränderungen geprägt. Aber die Strecke blieb dieselbe. Dieser Rundweg wurde mir durch die Jahre wie ein vertrauter Freund, in dessen Gegenwart man ohne viele Worte einfach sein kann.

Man könnte die Woche von Sonntag zu Sonntag auch wie so einen kleinen Rundweg betrachten. Im Leben geht es nicht in erster Linie darum, irgendwo anzukommen und es geschafft zu haben (und unsere Tage sollten auch keiner Extrem-Bergbesteigung gleichen). Viel eher sind wir eingeladen, immer wieder an denselben Orten vorbeizukommen. An den großen Stationen, wie Ostern, Weihnachten oder den Geburtstagen, ebenso wie an den kleinen Runden: das Essen mit Freunden. Der Hauskreisabend. Das Zusammensein im Gottesdienst mit den vertrauten Worten und Klängen. Wir dürfen zurückkehren. Abend für Abend. Woche für Woche. Jahr für Jahr. Zur Ruhe. Zum Teilen. Zum Feiern. In eine liebevolle Umarmung. Vielleicht geht es bei einem Leben aus der Ruhe um die Anerkennung dieser Rundwege. Und auch darum, dass es nicht mit jeder Runde besser werden muss. Manchmal kommen wir traurig an. Nachdenklich. Manchmal überglücklich. Manchmal haben sich die Umstände schmerzhaft verändert und manchmal so, dass wir nur voller Freude staunen können. *„Kehrt wieder, Menschenkinder!"* (Psalm 90,3). Mit diesen Worten schickt uns unser Schöpfer ins Leben. Auf all die kleinen und großen Rundwege. Im Rhythmus der Zeiten, an der Hand des Schöpfers, entfaltet sich unser Leben. Sonntag für Sonntag. Jahr für Jahr. Mit seinem ganzen Reichtum.

Halbzeitpause

Neben einem wunderschönen Weg über die Wiesen habe ich noch einen kleinen „Rundweg" hier am Ort entdeckt: Mitten in der Woche feiern wir gemeinsam mit Freunden, die wir hier kennenlernen durften, eine *Halbzeitpause*. (Der Name für unsere Treffen lag bei vier fußballbegeisterten Jungs im Alter zwischen 6 und 11 Jahren nahe!) Unser Sohn fiebert dem Treffen immer schon tagelang entgegen, und auch wir Erwachsenen freuen uns sehr darauf! Am Anfang des Abends zünden wir unsere Schabbatkerze an – das einzige Mal, dass sie auch unter der Woche brennen darf! –, und dann laden wir Gott in unsere Mitte ein. Wir tauschen uns darüber aus, was seit der letzten Halbzeitpause passiert ist. Für jede gute Sache zünden wir ein Teelicht an und danken Gott dafür. Für die schwierigen Dinge, die wir mitbringen, legen wir einen kleinen Stein neben die Kerze. Manchmal kommen wir überglücklich an, und die Teelichter gehen uns aus, und manchmal können wir nur müde und traurig einen Stein dazulegen. Dann beten wir noch zusammen, bevor das gemeinsame ausgedehnte Abendessen beginnt. Wenn wir uns neu gestärkt nach dieser Pause voneinander verabschieden, sagen wir voller Vorfreude zueinander: Bis nächste Woche!

Eine kleine Runde

Gibt es eine kleine Runde, die ich gerne gehe? Oder könnte ich vielleicht so einen kleinen Weg für mich entdecken? Und wohin kehre ich immer wieder gerne zurück? Zum sonntäglichen Gottesdienstbesuch? Zum regelmäßigen Essen mit Freunden? Zum Kaffeetrinken mit einer Freundin? Auf ein Bier mit einem Freund? Wo sind die Weggefährten, mit denen ich mein Herz teilen kann? Wo will ich sie, ganz bewusst, immer wieder aufsuchen? Vielleicht ist da ein neuer Pfad, ein kleiner Rundweg, den ich in der jetzigen Lebensphase einschlagen möchte, der meine Schritte verlangsamt, der mir die Möglichkeit schenkt, mein Leben zu betrachten, und bei dem ich mich aufs Wiederkehren freue.

26 Schabbat Schalom!

Heute fällt es mir schwer, hier zu sitzen und in Ruhe zu schreiben. Wir hatten einen Ehestreit, bei dem es so richtig gekracht hat. (Also der Krach kam vor allem von mir, und zwar so heftig, dass sich mein Mann irgendwann verletzt zurückgezogen hat.) Ich möchte mich gerne wieder versöhnen, aber das „Entschuldige bitte!" geht mir gerade schwer über die Lippen. Ach ja, der Friede ist ein etwas zerbrechlicher Zustand in unserem Haus. Und ich merke immer wieder: Nichts versetzt mein Herz so sehr in Unruhe wie der Unfriede mit den Menschen, die ich lieb habe. Deshalb finde ich die hebräische Grußformel am Feiertag auch so passend. Man wünscht sich „Schabbat Schalom" – einen friedvollen Ruhetag. Interessanterweise wird das Wort „Schalom" auch dann verwendet, wenn Schulden beglichen werden. Der Gruß ist also nicht nur ein netter Friedenswunsch, sondern er enthält auch die Frage: Herrscht Schalom oder sind noch Schulden zwischen uns zu begleichen? Über diese persönliche Ebene hinaus gibt es noch eine größere Dimension von Schalom, die man so umschreiben könnte: Schalom ist dann, wenn rundum alles stimmt. Wenn wir versöhnt mit uns selbst leben, mit Gott und den Menschen und auch im Einklang mit der Schöpfung.[36] Dieser umfassende Schalom ist eine große Sehnsucht von uns Menschen. Dass doch einmal alles gut sein würde! Für mich ist es der Geruch von Gottes kommendem Reich. Er liegt auch in der guten Nachricht, die wir erleben und weitersagen dürfen: Gott ist gut mit uns! Er hat sich mit uns versöhnt. Der große Krach wurde beendet, noch bevor uns das „Entschuldige bitte!" über unsere Lippen kam. Die Schulden sind dank Jesus beglichen, und Gott kommt uns mit offenen Armen entgegen! Wir dürfen in eine Freundschaft mit unserem Schöpfer eintreten! Und in dem Maß, wie diese Freundschaft unser Leben bestimmt, breitet sich Gottes Schalom in uns aus. Er wirkt hinein in alle unsere Beziehungen. Wir lernen, uns mit uns selbst und auch mit unserem Körper zu versöhnen. (Dazu benötigen einige von uns länger andauernde Friedensverhandlungen!) Und wir lernen, Gottes Ja zu uns weiterzugeben. Wir leben in einer versöhnlichen Haltung und in der Bereitschaft, Schuld einzugestehen und Schuld zu vergeben. Wir ehren und erhalten die Schönheit und gehen barmherzig mit den Ressourcen der Erde um. All das beinhaltet Schalom.

Und der Ruhetag – oder der stille Moment nach einem aufgewühlten Tag – ist eine wunderbare Gelegenheit, etwas von diesem weitreichenden Frieden Gottes in unser oft so unruhiges Herz sinken zu lassen: *Ich bin dir gut, und ich werde alles gut machen!* Was für eine Lebensgrundlage! Das ist doch ein Grund, um einen ganzen Tag lang zu feiern.

Schabbat Schalom!

Er bringt den Frieden mit

Jom Kippur ist der Versöhnungstag, den die Juden jährlich feiern. Sie beten und fasten an diesem Tag und suchen voller Ehrfurcht Gottes Vergebung und sein Wohlgefallen. Ob am Ende des Tages die Gewissheit einkehrt, dass die Schulden beglichen sind und dass nun Frieden ist – das weiß ich nicht. Aber was ich weiß, ist dies: Wenn Jesus einem Menschen begegnet, dann ist dieser Satz einer der häufigsten, den ich gehört habe: „Plötzlich hat mich ein großer Friede erfüllt." So ganz unspektakulär und doch tief verändernd habe ich das auch selbst erlebt. Und jeder von uns, der diesen Gott zu sich einlädt, kann das ebenso erfahren: Wenn er kommt, bringt er den Frieden mit. Und dieser Friede ist kein einmaliges Gastgeschenk, das mit den Jahren auf dem Kaminsims verstaubt. Er bleibt für uns verfügbar – mitten im Leben. Ich erlebe es immer wieder, wenn ich nach langen und unruhigen Tagen zu Gott heimkehre, wie er mich dann wieder neu mit seinem Frieden erfüllt.

Aus dem Nähkästchen

Das Leben reißt und zerrt,
sechs Tage die Woche,
dann hole ich am Sonntag meinen Flickkorb,
nehme einfach den Faden, der gerade obenauf liegt,
und lege ihn in Gottes Hände.
Und dann beobachte ich,
wie er die zerrissenen Teile
Stich für Stich wieder zusammenfügt.
Und während es draußen schon dunkel wird
und er die letzten Fäden abschneidet,
breitet sich sein Schalom in mir aus.
„So, das müsste halten, zumindest bis zum nächsten
Sonntag!", sagt Gott lächelnd
und legt das Leben zurück in meine Hände.

27 Kerzen anzünden

Vor einiger Zeit war ich mit einer Freundin im schwedischen Möbelhaus. Wir treffen uns dort ab und zu zum Frühstück (es gibt herrlich warme Zimtschnecken mit Milchkaffee!), und danach flanieren wir noch durch die Markthalle. Eigentlich brauchen wir nichts – wir haben ja schon so viel! –, aber eine Sache laden wir doch jedes Mal in unseren Einkaufswagen: Kerzen! Wir sind uns einig: Kerzen kann man nie genug zu Hause haben! Sie machen nicht nur ein gemütliches Zuhause, sondern sie tun der Seele gut. So viele schöne und besondere Momente unseres Lebens feiern wir im Kerzenschein. Und ihr warmes Licht leuchtet oft auch in schmerzlichen Momenten; wenn unsere Sehnsucht nach Geborgenheit und Trost groß ist. Ich erinnere mich daran, dass am 11. September 2001, dem Tag der schrecklichen Anschläge in den USA, eine Kollegin eine Kerze zur Arbeit mitbrachte. Obwohl sie sich sicher nicht als gläubig bezeichnen würde, bat sie uns um einen Moment der Stille, als sie die Kerze anzündete, die dann im Gruppenraum auf dem Tisch leuchtete, während wir unserer Arbeit mit den behinderten Kindern nachgingen. Auch auf dem

Höhepunkt der Corona-Krise, als geliebte Menschen allein in den Krankenhäusern starben, haben einige von uns eine Kerze ins Fenster gestellt. An so manchen Abenden, an denen ich viel zu müde zum Beten war, bin ich in dieser Zeit noch einmal in unser Wohnzimmer geschlichen und habe ein Licht angezündet. Still saß ich einfach nur da. Ich habe mein Herz in Gottes Richtung gehalten. Ein Gebet ohne Worte. Wie das flackernde Licht einer kleinen Kerze im Dunkeln.

Der Schabbat, umrahmt von Kerzen

Auf Altären und in heiligen Räumen sind meistens Kerzen zu finden. Und deshalb passt das auch ganz wunderbar zu dem Tag, den Gott für heilig erklärt hat. Die ehemals orthodoxe Jüdin und heutige anglikanische Pastorin und Schriftstellerin Lauren F. Winner schreibt: *„Die Kerzen umrahmen den jüdischen Schabbat. Am Freitagabend bitten die Frauen den Schabbat in ihr Haus, indem sie zwei Kerzen anzünden. Das ist der Augenblick, in dem die hektischen letzten Schabbat-Vorbereitungen als letzte Arbeit der Woche zu Ende sind und der Friede des Schabbats beginnt. Nachdem man die Kerzen angezündet hat, schließt man die Augen und fächelt dreimal mit den Händen das Licht zu sich her, ähnlich wie man Wasser aus einem Becken mit den Händen zum Gesicht führt. Es hat etwas sehr Meditatives und Praktisches an sich, wenn man das Kerzenlicht und die Schabbat-Stille mit den Händen in sich hineinschöpft.“*[37]

Der Schabbat endet auch im Kerzenschein. Es ist eine kleine Zeremonie, bei der man sich noch einmal einen letzten ruhigen Moment gönnt, bevor der Alltag wieder beginnt.

Frieden schöpfen

Auch in der christlichen Tradition zünden wir Kerzen an: Manche haben eine Taufkerze, es gibt die Kerzen am Adventskranz und die Osterkerze, die im Dunkel der Nacht am Karsamstag angezündet wird. Und in vielen Kirchen leuchten jeden Sonntag zwei Kerzen auf dem Altar. Wir könnten das immer wieder ganz bewusst tun: Die besonderen und heiligen Momente des Lebens im Kerzenschein verbringen. In unserer Familie freuen wir uns Woche für Woche an der Schabbatkerze – das ist einfach eine dicke Kerze, die wir am Samstagabend anzünden und die auch am Sonntag auf unserem Tisch leuchtet. „Schabbat Schalom!", sagen wir bei jedem neuen Entzünden. Wir lassen uns vom stillen und unaufdringlichen Leuchten an den Ich-bin-da-Gott erinnern, der uns diesen Tag der Ruhe schenkt. Manchmal, wenn wir mitten im Familienstreit sind oder wenn ich innerlich angetrieben durch unsere Wohnung eile, fällt mein Blick auf die stille Flamme, und dann halte ich einen Moment inne, um ein wenig von ihrem Frieden in mich „hineinzuschöpfen". Damit ist es wie mit dem Kauf von Kerzen ganz allgemein: Man kann nie genug davon haben!

28 Schlafen können

Als ich noch ein Kind war, habe ich diese Zeit am Abend besonders genossen: Meine Schwester und ich lagen schon im Bett, aber das Licht im Flur warf noch einen warmen Strahl in unser Schlafzimmer. In der Wohnung hörte ich meine Mutter. Ihr Hin- und Hergehen. Das Klappern von Tellern beim Vorbereiten des Frühstückstischs für den nächsten Morgen. Der Wasserhahn wurde aufgedreht und wieder abgeschaltet. Dann knipste sie das kleine Licht im Wohnzimmer an und betete mit leiser, aber eindringlicher Stimme für sämtliche Menschen in unserer Familie, in unserem Dorf und der weiten Welt, bevor sie dann noch einmal die Treppen nach unten stieg, um zu schauen, ob auch alle Türen verschlossen und alle Lichter gelöscht waren. Dieses Lauschen in meinem Bett auf die letzten Tätigkeiten meiner Mutter hatte etwas zutiefst Tröstliches für mich. Tomas Sjödin schreibt, dass auf Schwedisch das Wort „Zuversicht" *fortrösten* heißt, was auf den gleichen Wortstamm wie unser Wort „Trost" zurückgeht.

„Es spricht davon, dass man an den Trost zu glauben wagt, ehe man ihn erfährt, dass man darauf vertraut, dass es

gut wird. Und wenn es nicht gut wird, dann werden sich die Dinge dennoch auf wundersame Weise ordnen."[38]

Ruhen und Vertrauen sind wie zwei unzertrennliche Freunde. Wo ein vertrauensvolles Herz ist, da kehrt auch die Ruhe ein. Und jeder Schabbat bringt die Erinnerung, aus dieser Zuversicht zu leben: Da ist jemand am Werk – auch während wir nichts tun! Jemand wacht, während ich ruhe. Auch wenn heute nicht alles gut ist: Ich kann die Dinge aus der Hand legen, weil ein anderer sie letztlich mit großer Liebe und Weisheit ordnen wird.

Heute kann ich meiner Mutter nicht mehr vom Bett aus zuhören. Aber vielleicht lauscht ja jetzt mein Sohn in ähnlicher Weise auf mich. Zumindest ruft er zurzeit immer, kurz bevor er einschläft, in meine Richtung: „Mama, liest du noch? Bist du noch wach?" Und wenn ich schläfrig mit einem Ja antworte, seufzt er zufrieden, dreht sich auf die Seite und schläft ein.

Mit dem Schlafen beginnen

Eugen Peterson begann seinen Schabbat ganz bewusst in dem Moment, wenn er sich samstagabends schlafen legte. Denn, so sagte er, das erinnere ihn daran, dass alles mit der Gnade beginnt. *„Wir erwachen in einer Welt, die wir nicht gemacht haben, in einer Erlösung, die wir nicht verdient haben.*"[39] Auch Thomas Härry schreibt in seinem Buch „Voll Vertrauen": *„Wenn wir schlafen, drücken wir deutlicher als irgendwo sonst aus, dass wir glauben und* *vertrauen, dass das Entscheidende für unser Leben von Gott kommt, nicht von uns selbst.*"[40]

Einschlafen kann man nicht „machen". Je mehr wir uns anstrengen, umso weniger funktioniert das! Erst wenn wir wirklich loslassen, finden wir in den Schlaf. Härry geht sogar so weit, dass er das Schlafen als eine zentrale geistliche Disziplin bezeichnet!

Das ist übrigens eine schöne Sache für all diejenigen von uns, die am Sonntag gerne ein bisschen länger schlafen und von munteren Frühaufstehern dafür schräg angeschaut werden – der frühe Vogel fängt schließlich den Wurm! Darauf gibt es eigentlich nur die (Angler-)Antwort: Wenn Jesus für die Fische zum Frühstück sorgt, kann man auf den Wurm getrost verzichten.

Decke der Gnade

Als wir ein nachtaktives Kleinkind zu Hause hatten und ich unter chronischem Schlafmangel litt, war meine Sehnsucht nach einem ruhigen Schabbat mindestens so groß wie meine Müdigkeit. Leider konnte ich keine entsprechenden Vorbereitungen treffen, damit wir diesen Tag auch angemessen in einer aufgeräumten Wohnung feiern konnten. Der Anblick von unserem Durcheinander hat mich ab und zu richtig frustriert! Bis ich auf die Idee kam, eine einfache Sonntagsvorbereitung einzuführen: Anstatt in unserer kleinen Wohnung noch hektisch alles aufzuräumen und sauber zu machen (ein

Zustand, der mir oft unmöglich schien und sowieso immer nur von sehr kurzer Dauer war!), habe ich eine Decke genommen und sie über das größte Durcheinander in unserem Wohnzimmer gelegt. Ich habe sie die „Decke der Gnade" genannt. Heute ist mein Leben wieder ein bisschen ruhiger, und mir gelingen die Vorbereitungen für den Sonntag besser. Trotzdem ist die „Decke der Gnade" immer wieder in meinen Gedanken. Nun ist es nicht mehr so, dass *ich* sie ausbreite, sondern *Gott* breitet sie aus: über meinem Chaos. Über allem, was ich nicht hinbekommen habe. Woche für Woche deckt er mich zu mit seiner Gnade.

Und dass das Kind nun sonntags ab und zu ausschläft – das ist auch wirklich Gnade und noch ein Grund mehr, um zu feiern!

5. TEIL

Das Geschenk der Zeit

„So schönes Wetter – und ich noch dabei!"
WILHELM RAABE

29 Daseins-Glück

„Was soll ich denn morgen erzählen, Mama?" Das war an vielen Sonntagabenden die leicht verzweifelte Frage unseres Kindes in seinen ersten Jahren an der Grundschule. Da gab es nämlich jeden Montagmorgen einen Erzählkreis. Jedes Kind durfte berichten, was es am Wochenende alles erlebt hatte. Wenn unser Wochenende voll und turbulent war, hatte unser Junge damit kein Problem. Schwieriger war es nach einem ruhigen Wochenende. Da waren es nur ganz kleine Dinge. Nicht weniger besonders, aber eben viel schwieriger zu fassen. Und irgendwie fühlte es sich „zu wenig" an. Wir wollen schließlich etwas Sinnvolles tun und erleben. (Und das soll die Lehrerin dann auch gerne wissen!) An dieser Absicht ist auch nichts Schlechtes! Schwierig wird es nur dann, wenn wir dem schlichten Da-Sein den Wert absprechen. Wenn es unterm Strich nicht genug ist. Wenn es doch noch etwas Besonderes braucht.

Lange Zeit war es einfach peinlich zu sagen: „Ich habe dieses Wochenende nichts gemacht." Da stand man schnell im Verdacht, faul oder langweilig zu sein. Ich schreibe, es *war* so, weil ich glaube, dass sich daran inzwischen etwas geändert hat. Zum Guten, wie ich finde! Es gibt einen Gegentrend zum Freizeitstress und Optimierungswahn. Es gibt ein Aufbegehren gegen perfekte Instagrambilder, die uns einreden wollen, dass andere unheimlich viel Spaß am Wochenende hatten und wir anderen uns doch, bitte schön, im eigenen Leben schlecht zu fühlen haben, weil wir nicht annähernd so abgefahrene Dinge unternommen haben. Es gibt ein wachsendes Misstrauen gegen das „Wichtig-Sein", das sich an einem vollen Terminkalender zeigen soll. Und wer es schafft, sein Handy aus der Hand zu legen, und nicht der Versuchung nachgibt, jede noch so kleine Zeitlücke mit sozialen Medien zu stopfen, bekommt zunehmend anerkennende und fast neidvolle Blicke. So frei kann man also sein! So wenig *muss* man eigentlich!

Achtsamkeit wird plötzlich zu einem Sehnsuchtswort. Es geht also noch: dieses bewusste Da-Sein im eigenen Leben. Und das Gute wahrzunehmen, das uns umgibt. Ich habe eine Tasche, auf der steht: „Froh, dabei zu sein!" Sie erinnert mich an dieses Daseins-Glück! Ich darf dabei sein! Und darüber am Montagmorgen fröhlich zu erzählen – das ist wahrhaft genug!

„*Man muss niemandem genügen.*
Es genügt, dass man da ist.
Alles andere ist Zugabe."[41]
                                        Tomas Sjödin

Sonntage auf dem Schulhof

Anne, Mama von zwei kleinen Jungs, erzählt mir, dass sie sich eine Zeit lang ziemlich gestresst fühlte von Bildern der tollen Sonntagsunternehmungen, die ihre Freunde wöchentlich gepostet haben. Ihre Erfahrung mit Sonntagsausflügen war, dass der ganze Aufwand mit Packen und die langen Autofahrten ihrer Familie im Gesamten gesehen mehr Stress als Entspannung brachte. Also hat sie sich, gemeinsam mit ihrem Mann, ganz bewusst dafür entschieden, am Sonntag keine großen Aktionen mehr zu starten, sondern ihn für Ruhe und Gemeinschaft zu reservieren. Am liebsten gehen die Kinder einfach auf den Schulhof vor ihrem Haus und den Spielplatz, der danebenliegt. Dort können sie sich als Familie entspannt mit Freunden treffen oder ihre Nachbarn besser kennenlernen. Das erinnert mich daran, was Ronald Rolheiser geschrieben hat:

„Wir sind entspannter und leben aus der inneren Ruhe, wenn das gewöhnliche Leben genug ist." [42]

Anne berichtet, dass diese Sonntage vor der eigenen Haustür dazu geführt haben, dass sie sich an ihrem Ort stärker verwurzelt fühlen. Und wer weiß – vielleicht inspiriert sie damit auch ein paar Freunde, wenn sie sonntags Familienbilder vom Schulhof postet. Könnte sein, dass da so manche Ausflügler sehnsüchtig denken: So entspannt könnten unsere Sonntage eigentlich auch sein!

Muße: Untätigkeit, Ruhe, freie Zeit.
Amusement: Die Muße verlieren.
(aus: Duden-Herkunftswörterbuch)

Gott gönnt uns Muße.
Er gibt uns Freiheit, einfach zu sein.
Dazu schenkt er uns einen ganzen Tag pro Woche.
Einen Tag, an dem wir unseren Wert erkennen dürfen.
In seiner liebevollen Nähe.
Einen Tag, an dem wir nichts leisten müssen.
An dem wir nichts Besonderes tun müssen.
Seine Liebe führt uns zur Ruhe.
In das Daseins-Glück
Wir dürfen sein.
Und wir sind Sein.

30 Slow Food

Es war auf einem Besuch bei Freunden in Seattle, USA. Sie wollten meiner Reisegefährtin und mir einen unvergesslichen Abschlussabend unserer Amerikareise bieten und luden uns deshalb in ein edles Fischrestaurant ein, das direkt am Meer lag. Als wir am frühen Abend dort ankamen, leuchteten uns die vielen kleinen Lichter auf der Außenterrasse eines eleganten Holzbaus entgegen, und das Meer lag spiegelblank, wie ein ausgebreiteter blauer Teppich, davor. Die Innentische waren schon festlich vorbereitet – mit weißen Tischdecken aus Damast, Kristallgläsern und viel Besteck neben den Tellern. Wir wurden auf herzliche amerikanische Art empfangen und bekamen einen Tisch nahe am Fenster – mit Aussicht auf den Pazifik! Die Speisekarten wurden direkt angereicht und unsere Wünsche unverzüglich aufgenommen, und schon standen die gewünschten Getränke auf dem Tisch. Innerhalb kürzester Zeit wurde auch der herrlich knusprige Fisch mit reichlich Beilagen aufgetragen. Kaum hatten wir den letzten Bissen gegessen, streckte uns der Kellner freundlich die Karte fürs Dessert entgegen. Unser Freund und Gastgeber orderte ohne langes Nachschauen eine kleine Probierauswahl für alle und bat gleichzeitig um die Rechnung. Innerhalb kürzester Zeit standen wir wieder vor dem Restaurant, während die nächsten, bereits wartenden Gäste begeistert begrüßt und zu unserem frei gewordenen Tisch geführt wurden. Es blieb tatsächlich ein unvergesslicher Abend. Ich glaube, ich habe noch nie so schnell so teuer gegessen!

Was mir dieser Abend sehr eindrücklich klargemacht hat: Wenn wir uns selbst und andern etwas Gutes tun wollen, dann brauchen wir dafür Zeit! Genießen kann man nicht im Schnelldurchlauf. Gutes lässt sich schlecht wahrnehmen, wenn man auf der Überholspur über die Autobahn braust. Und beim Drive-in trifft man selten Menschen, die Zeit für ein gutes Gespräch und einen wertschätzenden Blick für die schöne Natur haben.

Am Sonntag hat uns Gott das Geschenk der Zeit gemacht! Und um diesen Segen in unseren Alltag fließen zu lassen, braucht es immer wieder diese Erinnerung: Nimm dir die Zeit, die dir geschenkt wurde!

Dafür will ich Zeit haben:

Zeit zum Spazierengehen.

Zeit, um mit dem Kind eine Runde zu spielen.

Zeit, um in Gottes Richtung zu hören.

Zeit, um ausgiebig einen Nachtisch und eine Tasse Kaffee zu genießen.

Zeit, um mich mit meinem Mann zu unterhalten.

Zeit, um Briefe zu schreiben und Menschen zu segnen.

Zeit, um mich mit Freunden und Weggefährten zu treffen.

Zeit, um die Gitarre zu nehmen und ein paar Lieder zu singen.

Zeit für ein Schwätzchen mit den Nachbarn.

Zeit, um Einladungen spontan anzunehmen oder einer Eingebung nachzugehen.

Zeit, um alles das nicht hinzubekommen und mich trotzdem geliebt zu wissen.

Slow Food: Bewusstes, genussvolles, meist regionales Essen, oft mit traditionellen Rezepten. (nach Wikipedia)

Dankbar genießen

Das kann man auch unter der Woche und ganz ohne Blick auf den Pazifik: ein Essen genießen. Für mich ist das schönste Slow-Food-Rezept: Kartoffeln in der Schale mit Butter und Salz. Und während die Butter auf der Kartoffel langsam schmilzt, will ich mir einmal in Ruhe die Zeit nehmen und Gott danken: für den Boden, auf dem diese Frucht gewachsen ist, für die Hände, die sie gepflanzt und geerntet und die sie uns verkauft haben. Ich danke ihm für die Butter, für den Milchbauern und für die Kuh, die nicht unerheblich zu diesem Genuss beigetragen hat. Und – fast vergessen –: Danke fürs Meersalz, von der Sonne aufgeheizt und vom Salzbauern abgeschöpft und getrocknet. Ach, überhaupt: Danke für das Meer! Und, siehe da: Jetzt gibt es an unserem alten Esstisch tatsächlich noch einen Blick Richtung Pazifik – ganz ohne teuren Aufpreis!

„In allen Dingen lerne das Einfache zu lieben."
Francis von Sales, Bischof von Gent

31 Zeit für die längere Geschichte

„Das kann dauern!", „Da brauchen Sie jetzt viel Geduld", „Da müssen Sie Zeit zum Warten mitbringen!".

Das alles sind Sätze, die in den meisten von uns ein „Oh nein, bitte nicht!" hervorrufen. Denn wenn wir eine Sache in unserer heutigen Gesellschaft wirklich wollen, dann ist es, dass es schnell geht und die Dinge rasch erledigt sind. Wenn es nur um die Wartezeit im Arztzimmer geht, ist das nicht weiter dramatisch. Schwieriger wird es dann, wenn wir diese Haltung auch auf den Heilungsprozess und den ganzen Rest unseres Lebens anwenden. Wenn wir alles *schnell* und *jetzt* haben wollen: ein folgsames Kind. Eine tolle Gemeindeentwicklung. Ein verändertes Verhalten. Eine Neuorientierung. Das Zurechtfinden an einer neuen Arbeitsstelle oder an einem neuen Ort ...

Nach unserem Umzug war ich sehr ungeduldig mit mir. Ich wollte mich schnell gut einleben. Mich mit den neuen Nachbarn wohlfühlen. Eine passend eingerichtete Wohnung und einen schön angelegten Garten haben. Und mein Kind sollte auch gleich viele neue Freunde finden. Aber es hat gedauert mit dem Ankommen.

Inzwischen glaube ich, dass man mindestens einmal alle Jahreszeiten an einem Ort erleben muss, um wirklich anzukommen.

Die Pastorin Kathy Escobar, die in Denver (USA) eine Gemeinde leitet, die vor allem aus Menschen besteht, die am Rand der Gesellschaft leben, schreibt: *„Wir wollen, dass Dinge schnell geklärt und Probleme zügig erledigt werden, weil wir den längeren Geschichten nicht vertrauen."*[43]

Das scheint mir eine zutreffende Beobachtung zu sein. Wir sollten allerdings nicht vergessen: Der Autor des Lebens schreibt aus der Ewigkeitsperspektive! Er lässt Brüche zu und lose Enden, versucht, unverständliche Stellen nicht glattzubügeln, und macht verheißungsvolle Andeutungen, die sich erst viele Kapitel später erfüllen. Er nimmt sich Zeit für die längere Geschichte! Ich benötige ganz dringend diese Erinnerung, dass die wichtigen Dinge im Leben einfach Zeit brauchen! Und dass schnelle Problemlösungen und ein ungeduldiges Vorwärtsdrängen oft nur noch mehr Probleme nach sich ziehen. *„Wir sind eine Nation von hektischen Heilern"*, schreibt Wayne Muller. Und als erfahrener Seelsorger fügt er hinzu: *„Alles ist gefährlich, was wir unter großer Geschwindigkeit erledigen. Liebe erfordert Ruhe und wir benötigen Weisheit und Ruhe, wenn unser Handeln in dieser Welt zur Heilung beitragen soll ... Nur im entspannten Zustand fließt Erbarmen und Heilung aus unserem Herzen!"*[44] Schenken wir uns doch mehr Zeit!

Zeit zu trauern und Geliebtes loszulassen.

Zeit für schwierige Fragen.

Zeit für eine langsame Gangart.

Zeit, um sich neu zu orientieren.

Zeit zum Ankommen.

Zeit für den Reifungsprozess – bis die Früchte an den Bäumen hängen.

Wie oft sagen wir leichthin: „Ach, das wird schon wieder! Gib mir ein paar Stunden Schlaf oder eine Woche Urlaub im Wellnesshotel ..." Aber manches wird so schnell nicht wieder! Was wir dann brauchen, ist Zeit zum Heilwerden. Mindestens einmal durch alle Jahreszeiten hindurch.

Den Dingen Zeit geben

- Eine Nachricht, einen Anruf nicht direkt beantworten.
- Einen Konflikt, ein Gespräch einmal „sacken" lassen, bevor man an der Lösung arbeitet.
- Etwas schreiben und dann nach ein paar Tagen noch mal drüberschauen, ob man das wirklich so sagen möchte.
- Dem Reflex nicht nachgeben, immer alles möglichst schnell getan und geklärt haben zu wollen.
- Warte- und Reifezeiten einplanen.

- Sich immer wieder daran erinnern, dass Lernprozesse Zeit brauchen – für uns Erwachsene und auch für unsere Kinder.
- Das Leben nicht gemäß meinen Vorstellungen passend machen, sondern meine Vorstellungen dem Rhythmus des Lebens anpassen.
- Nicht alles heute lösen wollen, sondern der längeren Geschichte vertrauen.

Alle Zeit der Welt

Gott hat Zeit für dich.

Er ist da.

Er hört zu.

Er schweigt auch mit dir.

So lange, bis du weißt, wo es wehtut.

Er hält dich in seinen Armen.

Er wartet mit dir.

Er hat alle Zeit der Welt für dich.

32 Schabbat füreinander sein

Mein Vater konnte zuhören. Nicht auf die Art und Weise, wie es so viele von uns tun. Wenn wir, während der andere redet, schon innerlich unsere eigenen Gedanken formulieren, um sie dann anzubringen, sobald sich eine Gesprächslücke dafür auftut. Und oft genug habe ich als erzählfreudiges Kind den Satz gehört: „Bist du jetzt endlich fertig mit deinen Geschichten?!" Jedes Mal hat es mich beschämt. Ich habe die Botschaft dahinter verstanden: „Stell dich doch nicht so in den Mittelpunkt! Was denkst du denn, wer du bist? Wer interessiert sich denn schon für deine Geschichten?"

Bei meinem Papa war das ganz anders. Er konnte wirklich *richtig* zuhören. Als junge Erwachsene habe ich das ganz besonders erlebt. Wenn ich abends zu Hause ankam, voll mit meinen Erlebnissen und Gedanken, dann stand er noch einmal auf – egal, wie spät es war! Er setzte sich auf seinen Lieblingssessel neben dem Klavier und dann hatte er alle Zeit der Welt, um mir zuzuhören. Und ich habe erzählt. Kleine Geschichten aus meinem Alltag. Was ich im Krankenhaus erlebt hatte. In meiner Gemeinde. Bücher, die mich berührt hatten. Egal, was es war: Er hörte immer voller Interesse zu. Ohne dass es ihm oder mir bewusst war, brachte er mir bei, das Besondere in meinem Alltag zu finden. Tragischkomisches zu entdecken. Das Traurige und Schmerzhafte anzuschauen. Meine Sehnsüchte zu spüren. Einen Sinn hinter den Dingen zu erkennen und etwas von einem größeren Zusammenhang zu ahnen. Im Rückblick erkenne ich mit Erstaunen und Dankbarkeit, dass ich an diesen Abenden ganz unbemerkt in meine Lebensgabe hineingewachsen bin: Ich habe die Freude daran entdeckt, meine Erlebnisse so weiterzugeben, dass es das Herz des anderen berührt. (Meine persönliche Herausforderung war immer, dass er zumindest an einer Stelle herzhaft lachen konnte oder einmal vor Rührung Tränen in den Augen haben sollte.)

Geschichten haben die Kraft, etwas in uns heil zu machen. Und ich glaube, wenn wir einen Platz geschenkt bekommen, unsere Geschichten zu erzählen, dann entsteht ebenfalls etwas Heilendes. *Feeling felt* – ist so ein treffender englischer Ausdruck für das, was daraus resultieren kann. Wir fühlen uns zutiefst verstanden. Wir müssen nichts mehr tun oder beweisen. Wir werden Ruheorte – Schabbat – füreinander.

Erzählgemeinschaft

Freunde von uns waren eine Zeit lang in einer christlichen Lebensgemeinschaft. Wenn dort jemand Geburtstag hatte – egal, ob es einer der jungen Freiwilligen war oder einer der „Alteingesessenen" –, gab es das „Geburtstagserzählen". An der feierlichen Tafel bat man das Geburtstagkind, von seinem Lebensweg zu erzählen. In der Erinnerung der Freunde waren das immer besondere Momente. Die Gemeinschaft drückt es in ihren Grundsätzen und Werten so aus:

„Kirche, lebendige Gemeinschaft, ist immer auch Erzählgemeinschaft. Es ist ein Geheimnis um das Erzählen, um das Mitteilen dessen, was wir miteinander erlebt haben, denn Erzählen ist menschlich und macht menschlich. Erzählen benötigt Zeit – und Erzählen überwindet Zeit. Erzählen braucht Gemeinschaft und Erzählen schafft Gemeinschaft. Wo Menschen Anteil geben können an dem, was ihnen widerfahren ist, da wachsen im Hören und Reden Horizonte der Hoffnung und Heilung."[45]

Sonntagserzählen

Der Schabbat bietet Raum für das Erinnern und Erzählen der Geschichte des Volkes Israel. Wäre es nicht schön, wir würden uns an den Sonntagen ein wenig Zeit für das Erzählen und das Zuhören in unseren Familien und Gemeinschaften nehmen? Oder wenn wir uns vornähmen, bei einem Menschen, der schwierig für uns ist, einmal nur zuzuhören? Oder – wenn wir auf die Stimme unseres himmlischen Vaters hören würden, der liebevoll sagt: „Erzähl!" Und während wir ihm unser Herz ausschütten, können wir es vielleicht fühlen, dass er uns wirklich versteht. *Feeling felt …*

33 Zeit für Freundschaft

Es gibt Menschen, die tanken im Zusammensein mit anderen auf, um anschließend die Kraft zu haben, allein zu sein. Und es gibt Menschen, die tanken im Alleinsein auf, damit sie Kraft haben, um mit Menschen zusammen zu sein. Ich gehöre zu den Letzteren. Was nicht bedeutet, dass ich Menschen nicht mag oder sie grundsätzlich als anstrengend empfinde. Mein Schöpfer hat mich einfach so gemacht, dass ich mit ausreichend Zeit für mich allein die Menschen am besten genießen kann (und es war sehr heilsam für mich, diese Wahrheit anzuerkennen). Deshalb sind lange Einladungen und Besuche immer eine kleine Herausforderung für mich. Selbst wenn es gute Freunde sind, ist es gut für mich, die Zeit schon im Vorfeld zu begrenzen. Es ist ein bisschen so, wie wenn man als nicht ganz so guter Schwimmer (was ich leider auch bin) nicht einfach mal ins offene Meer schwimmt, sondern sich lieber in gut erreichbarem Abstand zum rettenden Ufer aufhält. Meine rettende Küste ist die Zeit *nach* dem Besuch. Wenn ich mich erfrischt und glücklich in den Sand werfe und sage: „Ach, hat das wieder mal gutgetan!" Manchmal traue ich mich auch weiter hinaus aufs offene Meer. Das ist dann, wenn ich mit Freunden zusammen ein Wochenende (oder sogar – großes Wagnis! – einen Urlaub) verbringe oder wenn unser Besuch von weit herkommt und die Ankündigung, ihn nur zum Kaffee einzuladen, ziemlich unverschämt wäre.

Und auch das gibt es: Ab und zu ist ein Besuch so entspannend für mich, dass ich meine Gäste anflehe, doch bitte noch länger zu bleiben! Und in allen diesen Fällen geschieht meistens etwas richtig Gutes. Tomas Sjödin beschreibt es so treffend: *„Es geschieht an langen Abenden, wenn wir die Teller beiseitegeschoben und die Beine hochgelegt haben und wenn in unser Reden Ruhe gekommen ist … Freundschaft ist eine tiefe Art von Ruhe."* [46]

Genau das tut so gut: wenn in unser Reden Ruhe kommt. Wenn wir alles loslassen, was wir eigentlich sagen wollen, und auch über das Erzähl-mir-das-Neueste hinweggekommen sind; dann entsteht der Raum, in dem wir teilen, was tief in unserem Herzen ist. Mit ausreichend Pausen dazwischen. Es ist, als würde man sich im Meer entspannt ausstrecken und sich von den Wellen hin- und herschaukeln lassen, den Blick zum Himmel. Und irgendwann kehrt man wieder zurück, spürt Boden unter den Füßen, organisiert, wer denn nun den Abwasch macht und die Küche aufräumt. Das übernehme ich gerne! Allein. Mit einem Lächeln im Gesicht und dem Geschmack von Meersalz auf den Lippen.

Schmoren lassen

Tscholent heißt ein jüdisches Eintopfgericht, das traditionell am Schabbat-Abend gekocht wird und das man bis zum nächsten Mittag bei niedriger Hitze schmoren lässt (meistens ungefähr 20 Stunden!). Damit hat man am Schabbat ein gutes Essen, ohne an diesem Tag dafür zu arbeiten. Durch die lange Kochzeit wird der Eintopf besonders aromatisch, und am Feiertag ziehen seine herrlichen Düfte durchs Haus. Auf manchen Rezepten steht der Hinweis: Je länger man den Eintopf schmoren lässt, umso besser wird der Geschmack! Ich finde, das passt wunderbar zur Tradition des Schabbats: den Dingen ihre Zeit geben. Unserer Beziehung zu Gott. Den Weggefährten und Freundschaften, mit denen wir beschenkt sind. Vielleicht ist es bei all dem wie mit dem Schmortopf: Je länger die Zeit, die wir dafür verwenden, umso genussvoller wird es!

Zusammen sein

Ich wünsche dir Freunde.
Menschen, bei denen du sein darfst.
Denen du nichts beweisen musst.
Die dein Ja freudig aufnehmen.
Und die für dein Nein keine langen Erklärungen brauchen.
Und: Ich wünsche dir, dass du dir Zeit nehmen kannst
fürs Zusammensein,
damit Menschen dir zu solchen Freunden werden.

6. TEIL

Das Leben feiern!

"Die Kraft des Schabbats liegt nicht in der Aktivität
und Rastlosigkeit, nicht in der Abwechslung und
in der Jagd nach interessanten Erlebnissen, sondern
in ausgedehnten Mahlzeiten, im Gebet, im Gespräch,
im Spaziergang und im Schlaf."[47]

LEA FLEISCHMANN

34 Das Besondere feiern

„Das feiern wir jetzt!" Diesen Satz habe ich von meiner Mutter übernommen. Sie hat sämtliche Ereignisse als Anlass zum Feiern genommen: das erste Mal allein zur Schule gelaufen. Eine überwundene Erkrankung. Eine unerwartet gute Note in der Schule. Ein Sieg der deutschen Skimannschaft. Einen Geldschein in einer alten Hosentasche gefunden oder die Oma wiedergefunden (sie war sehr früh dement und ging uns ab und zu mal verloren). Egal, was es war: Bei uns wurde gefeiert! Meine Schwester und ich wurden zum Bäcker geschickt, ein paar Münzen in den verschwitzten Kinderhänden, um Kuchen oder Eis zu kaufen. Dann haben wir uns an den Küchentisch gesetzt, auf dem eine Kerze angezündet wurde, und haben miteinander gefeiert. Ach, wie habe ich das geliebt! Und ich arbeite daran, unserem Kind ebensolche wunderbaren Kindheitserinnerungen zu schenken. Jede Gelegenheit ist gut genug, meine Girlande aus dem Schrank zu holen, einen Kuchen zu backen und zu verkünden: „Heute feiern wir!" Am liebsten würde ich die Girlande das ganze Jahr hängen lassen! Aber mein Mann wehrt sich dagegen. Und er hat ja recht:

Wenn sie immer hängt, dann beachten wir sie bald nicht mehr. Und wenn jeden Tag ein Kuchen auf dem Tisch steht, dann ist es tatsächlich kein Höhepunkt mehr, sondern wird als etwas ganz Selbstverständliches betrachtet.

Die kürzlich verstorbene US-Autorin und Theologin Marva Dawn schreibt über ihre amerikanische Kultur, dass sie so schlecht feiern können, weil sie so schlecht fasten können.[48] Also wird an den Feiertagen einfach nur noch mehr von dem gegessen, was man sich ohnehin auch unter der Woche gönnt. Es ist leider so: Wer nicht verzichten kann, verzichtet letztlich darauf, das Besondere zu feiern. Mein Mann kann das richtig gut: verzichten. Aber auch das: das Besondere genießen! Und weil ich die Qualität und das Gute darin sehe, packe ich die Girlande an den Allerweltstagen wieder in den Schrank. Und wenn ich sie das nächste Mal aus der Kiste hole, werde ich mich umso mehr freuen. Denn das gehört für mich zum guten Leben: Das Schöne genießen und die besonderen Momente hochhalten und sie feiern!

Etwas für den Schabbat aufbewahren

In einem Midrasch (einer rabbinischen Schriftauslegung) heißt es: *„Erinnere dich immer an den Schabbat-Tag, sodass du, wenn du zufällig einen wunderschönen Gegenstand [während der Woche] findest, diesen für Schabbat vorbereiten und nutzen sollst."*

Was für ein schöner Gedanke: unter der Woche nach etwas Ausschau zu halten, womit man vielleicht die Sonntagstafel schmücken kann. Das kann eine besondere Delikatesse sein, die man sich für den Sonntag aufspart. Oder ein schönes Buch, das der Seele guttut und das man dann Kapitel für Kapitel am Schabbat liest. Bei uns ist es das Frühstücksei, das es eben nur an diesem Tag der Woche gibt. Wenn ich sonntagmorgens aufwache, dann freue ich mich schon darauf! Samuel darf sein Brot mit Schokocreme bestreichen – an diesem Tag ausnahmsweise so dick, wie er das möchte. Es sind diese kleinen Dinge, die uns zeigen: Heute ist kein Tag wie jeder andere! Und das feiern wir jetzt!

Nur für einen bestimmten Zweck

Meine Oma hatte ein bestimmtes Geschirr, das sie nur am Sonntag benutzt hat. Und eine weiße, wunderschön bestickte Tischdecke, die nur an besonderen Feiertagen auf den Tisch kam. Das kann man als altmodisch abtun (und es gab früher ja auch so unsinnige Dinge wie „die gute Stube", in der die Sofas mit Plastikfolie abgedeckt waren und die nie benutzt wurden!). Aber manchmal ist es hilfreich, Gegenstände zu haben, die dazu bestimmt sind, nur für eine bestimmte Zeit oder einen ganz besonderen Zweck ausgewählt zu werden. Dieser Gedanke ist im Alten Testament sehr vertraut. Da gab es zum Beispiel Dinge, die nur für die Anbetung Gottes bereitstehen und im Alltag keine Verwendung haben sollten.[49] Unsere Schabbatkerze ist einfach deshalb eine besondere Kerze, weil wir sie nur am Sonntag anzünden. Es gibt auch besondere Handlungen, Gesten und bestimmte Worte, die ich mir für Gott „aufbewahre". Das Niederknien gehört zum Beispiel dazu. Oder manche Liebesbezeugungen. Es gibt so einige Ausdrücke, die ich nur für Gott würdig finde. Ich sondere diese Worte und Handlungen vom Gewöhnlichen aus – so wie Gott den siebten Tag zu etwas Besonderem gemacht hat. Er nannte ihn heilig. Heilig heißt genau das: ausgesondert, beiseitegenommen für einen bestimmten Zweck. Was könntest du für besondere Momente aufbewahren? Was ist dir heilig?

35 Blumen schenken

Samstags ist Markttag. Ich mag die bunten Stände, an denen frische Salatköpfe und Eier angeboten werden, im Frühjahr Spargel und Erdbeeren, im Sommer Kirschen und Himbeeren, im Herbst Kohl und Karotten – man kann die aktuelle Jahreszeit wunderbar an einem solchen Marktstand ablesen. Vor den Ständen stehen meistens große Eimer mit gebundenen Blumensträußen, die oft so aussehen, als wären sie frisch von der Wiese gepflückt. Ich LIEBE Blumen! Und Sträuße, die so ganz natürlich aussehen, habe ich am allerliebsten! Nicht immer gönne ich mir einen Strauß, aber manchmal spüre ich einen kleinen inneren Schubser, der mir zuraunt: „Nimm dir einen! Er ist für dich! Ich hab dich lieb!" Und dann flüstere ich „Danke, Jesus" und lege das Geld, das ich von ihm habe, in die schwieligen Hände der Bauersfrau und suche mir den schönsten Strauß aus. Die Blumen schmücken dann unsere Sonntagstafel, und mit den Farben leuchtet mir Gottes „Ich hab dich lieb!" entgegen.

Als ich von dem Brauch gehört habe, dass zum Schabbat der Mann seiner Frau üblicherweise Blumen mitbringt, fand ich das ausgesprochen wunderbar! Ich bin darüber gestolpert, weil in einem Forum über Fragen zum jüdischen Leben einem Rabbi folgende Frage gestellt wurde:

„Meine Frau sagt, es sei üblich, seiner Frau vor dem Schabbat Blumen zu schenken. Stimmt das, und wenn ja, was bedeutet es? Und warum Schnittblumen, die ohnehin welken, und nicht Topfblumen?"

Bei dieser Frage musste ich grinsen. Ein ungeduldiger, junger Mann tauchte vor meinem inneren Auge auf, der sich eigentlich nicht mit so unnützem verschwenderischem Zeug wie Blumenkaufen beschäftigen möchte. „Lass uns über die wichtigen Dinge reden, Rabbi", scheint er zu sagen. „Gib mir ein Argument, damit meine Frau endlich Ruhe gibt!"

Folgendes antwortete ihm der Rabbiner:

„Blumen sind nutzlos, unpraktisch, vergänglich und unrentabel. Aber gerade darin liegt ihre Macht. Sie kaufen sie allein deshalb, weil Ihre Frau sie mag. Sie tun es nur für sie. Ja, es kann romantisch sein, etwas ‚Nutzloses' zu tun, nur um Liebe auszudrücken. Niemand braucht Blumen. Sie sind nicht dauerhaft. Aber jemand, den Sie lieben, mag sie. Darum kaufen Sie Blumen!"[50]

Alle Daumen hoch für diesen Rabbi! Bei seinen anfänglichen Worten hatte ich schon befürchtet, dass diese Frau keine Blumen bekommt, sondern etwas Praktischeres. (Eine Topfpflanze – also wirklich!) Aber dann zeigt der Rabbi auf, worin die Liebe liegt: in der Verschwendung. Im „Nutzlosen", im Unrentablen! Und er fügt hinzu:

„Darum ist unsere Beziehung zu G-tt[51] *so romantisch. Er braucht nichts von uns, und wir sind nicht immer da. Doch er freut sich sehr, wenn wir eine Mizwa befolgen, die er befohlen hat. Also tun wir es. Nicht wegen unseres Profits oder weil G-tt etwas davon hätte, sondern weil er sich darüber freut. Hören Sie also auf, über sich nachzudenken, und denken Sie an Ihre Frau. Das ist die Macht der Blumen."*

Verschwenderisch sein

Der Sonntag ist eine Einladung, ein bisschen verschwenderisch zu sein. Mit unserer Zeit. Mit den guten Dingen, die wir geschenkt bekommen haben. Wir feiern das Unnütze, das Unrentable und auch die ganze vergängliche Schönheit. Und ein Blumenstrauß auf dem Tisch kann uns wunderbar an all das erinnern.

Zweckfrei Zeit mit Gott verbringen

Wie schön ist es, wenn wir ab und zu zu Gott kommen, ohne etwas von ihm zu wollen. Wenn wir einfach nur seine Nähe suchen, wie ein Liebender seine Geliebte aufsucht. Wäre es nicht merkwürdig, wenn sie fragen würde: „Was willst du denn?" Und wäre die einzige Antwort darauf nicht: „Ich will einfach nur bei dir sein."? In Anlehnung an die Worte des klugen Rabbis: Am Sonntag

möchte ich einfach mal aufhören, über mich nachzudenken (das tue ich sowieso viel zu oft!), und denke
stattdessen lieber an meinen wunderbaren Gott und seine verschwenderische Liebe!

„Ich will einfach nur bei dir sein."

„Ich auch. Ich will einfach nur bei dir sein."

36 Schönheit betrachten

Einer meiner besten Freunde ist Künstler. Wenn ich mit ihm ins Museum gehe, dann mache ich schon vorher einen Treffpunkt am Ende der Ausstellung aus. Denn das habe ich inzwischen (leidvoll) gelernt: Unser Tempo ist sehr unterschiedlich! Während er noch staunend vor den ersten Bildern steht, bin ich schon im Museumsshop angekommen und würde mich in einen Kaufrausch stürzen, wäre ich mir nicht so unsicher darüber, ob das nun Kunst ist, die man erwerben kann, oder einfach die Hinterlassenschaft vom Heizungsmonteur. Also setze ich mich ins Café und warte ungeduldig auf den Freund. Wenn er dann endlich staunend ankommt und voller Überschwang von einem der schönen Gemälde erzählt und meine Meinung darüber wissen möchte, muss ich kleinlaut zugeben, dass ich dieses Bild wohl übersehen habe. Oder dass es mir zu mühsam war, in den 4. Stock zu gehen, in dem das Gemälde zu finden war.

Ich muss zu meiner Schande gestehen, dass ich einmal in der Eremitage in St. Petersburg war und das weltberühmte Rembrandt-Bild vom verlorenen Sohn deshalb nicht gesehen habe, weil mir der Weg dorthin am Ende zu weit war und wir dringend Pizza essen wollten! Ich weiß ... – ich bereue es inzwischen zutiefst. Besonders, nachdem ich Henri Nouwens fantastische geistliche Deutung zu diesem Gemälde gelesen habe. Im Anfangskapitel schreibt er über die erste Begegnung mit diesem Bild in der Eremitage (ihm war der Weg nicht zu weit!):

„Da war ich also. Ich stand vor jenem Gemälde, das seit fast drei Jahren mein ganzes Denken und Fühlen bestimmt hatte. Ich war von seiner majestätischen Schönheit überwältigt ... Es hatte Augenblicke gegeben, in denen ich mich fragte, ob das Originalbild mich vielleicht enttäuschen würde. Das Gegenteil war der Fall. Seine Größe und Herrlichkeit ließen alles andere in den Hintergrund treten und nahmen mich völlig gefangen. Während viele Touristengruppen mit ihren Führern in rascher Folge kamen und gingen, saß ich auf einem der rotsamtenen Stühle vor dem Gemälde und schaute. Jetzt sah ich es wirklich.“[52]

Und dann beschreibt er über ein paar Seiten, wie er einfach nur dasaß und dieses Bild betrachtet hat. Wie die Farben in der Mittagssonne leuchteten und wie Schattierungen des Lichts am Abend die Figuren noch mal ganz anders betonten. Er saß so lange, bis der Wächter und die Putzfrau ihm unmissverständlich zu verstehen gaben, dass das Museum nun geschlossen würde. Ganz früh am nächsten Morgen kam er wieder. Stunde für Stunde geriet er immer mehr in die Geschichte des Bildes hinein. Als er sich endlich losreißen konnte, stellte er sich tief bewegt die Frage, ob diese kostbare Zeit in der Eremitage jemals Frucht bringen würde. Sie hat Frucht gebracht! Sein Buch mit einer Deutung über ebendieses Gemälde hat unglaublich viele Menschen berührt. Mich eingeschlossen. Wie dankbar bin ich für Menschen wie Henri Nouwen und meinen Freund, die sich Zeit nehmen, um Schönheit zu betrachten. Die sich hineinnehmen lassen in etwas Größeres, was dem gleichgültigen Betrachter verborgen bleibt. So! So will ich schauen lernen! Bis mein Herz erfüllt wird mit der Schönheit dessen, was ich betrachte.

Am Anfang steht die Wahrnehmung

Der Autor und Priester Franz Jalics schrieb darüber, dass der Mensch so gemacht ist, dass sich sein Verhalten in drei Schritten vollzieht: Wahrnehmen. Denken. Tun. *„Die geistige Wahrnehmung nennt man Bewusstwerden, Innewerden, Gewahrwerden ..."* [53] In unserer getriebenen, hektischen Zeit haben wir das Wahrnehmen zunehmend verlernt. Somit kommt dieser natürliche Vorgang (wahrnehmen, denken, tun) aus dem Gleichgewicht. Das Denken bestimmt unser Tun. *Wir* sind die großen „Macher". Aber es ist die Wahrnehmung, die uns den Weg zum Leben und zu Gott führt! *„Im ewigen Leben werden wir nicht über Gott nachdenken, sondern Gott schauen!"*, so Jalics.

Der Schabbat schenkt Gelegenheit, nicht nur ein wenig über Gott nachzudenken, sondern wahrzunehmen, dass er da ist.

Schönes anschauen

Vielleicht können wir dieses Betrachten wieder ganz neu einüben? Der Sonntag ist dafür wunderbar geeignet! Wie wäre es, sich einfach ein bisschen Zeit zu nehmen, um Schönheit zu betrachten? Es muss ja nicht im Museum sein. Für manche von uns ist es eine schöne Landschaft. Das Meer. Ein ruhiger See. Ein Bildband oder ein gutes Buch und die Schönheit der Worte darin. Oder sich ganz einfach in eine Jesusgeschichte vertiefen. Im Vorbeigehen wird man selten von etwas berührt. Kultivieren wir doch ganz neu diese Fähigkeit, das Gute und Schöne auf uns wirken zu lassen. Und wer weiß? Vielleicht erleben wir dann Ähnliches wie Henry Nouwen vor Rembrandts Gemälde, und auch unsere kostbaren Stunden werden ungeahnte Frucht in unserem Leben bringen.

37 Einen Sonnenuntergang genießen

Ab und zu gelingt mir das: Am Ende eines Tages, wenn die Sonne untergeht und ich zufällig einen kurzen Blick nach draußen werfe und der Abendhimmel sich verlockend schön abzeichnet, dann gehe ich nach draußen oder ich sitze am Fenster im Büro meines Mannes, weil man von dort den besten Blick auf den Horizont hat. Und dann schaue ich der Sonne dabei zu, wie sie untergeht. Oft gesellt sich der Friede dazu. Und auch das Bewusstsein, wie kostbar unsere Tage sind. Dann muss ich daran denken, dass der Schabbat (und auch jeder andere jüdische Feiertag) nicht am Morgen, sondern mit dem Sonnenuntergang beginnt. Die Religionswissenschaftlerin Lauren Winner erzählt davon, dass sie nach einem Vortrag über ihre jüdischen Wurzeln von einer Frau angesprochen wurde. Diese äußerte ihre Begeisterung darüber, dass die jüdischen Feiertage immer schon am Abend vorher beginnen, und meinte dann: *„Mein geistliches Leben fühlt sich an wie ein jüdischer Tag. Ich bewege mich vom Dunkel in Richtung Tagesanbruch."*[54] Darüber könnte man nachdenken beim Betrachten des Sonnenuntergangs, wenn die Schatten länger werden und es langsam dunkel wird. Wenn wir den vergangenen Tag noch einmal innerlich vor uns ablaufen lassen – das Gute, aber auch das Schwierige, das war. Was wir gut hinbekommen haben und das, was uns heute nicht gelungen ist. Alles das dürfen wir am Ende des Tages ablegen wie die Uhr auf unserem Nachttisch. Gott will uns Frieden schenken und die Möglichkeit, wieder neu zu beginnen. Ich kann dieser Frau nur recht geben: Unser geistliches Leben ist wie ein Schabbat-Abend. Wir feiern dem Tag entgegen.

Beim Sonnenuntergang zu lesen

Der Beginn des Schabbats ist genau dann, wenn die Sonne untergeht. Das klingt für mich nach einer Aufforderung, den Sonnenuntergang zu betrachten. Und vielleicht sind dabei diese wunderbaren Psalmworte aufgeschrieben worden:

„Wenn ich den Himmel sehe, das Werk deiner Hände, den Mond und die Sterne, die du erschaffen und an ihren Ort gesetzt hast; dann staune ich:
Was ist der Mensch, dass du an ihn denkst?
Was ist er schon, dass du dich um ihn kümmerst?"
(Psalm 8, 4–5; NGÜ)

„Die Himmel verkündigen die Herrlichkeit Gottes,
und das Himmelsgewölbe zeigt, dass es das Werk seiner

Hände ist. Ein Tag erzählt das dem anderen, und eine
Nacht gibt es der anderen weiter."
(Psalm 19, 1–2; NGÜ)

Oder wie das in der Bibelübertragung von Eugene Peterson „The Message" so wunderbar steht:

„Gottes Herrlichkeit ist am Himmel auf Tour!
Eine Ausstellung von Gotteskunst am Horizont!
Die verehrte Frau Tag unterrichtet jeden Morgen
und Professor Nacht hält jeden Abend seine Vorlesungen."

Für dich

Lässt du dich locken von den Strahlen der untergehenden Sonne? Vielleicht heute oder an einem anderen Tag in dieser Woche? Setz dich ans Fenster. Oder auf die Wiese in der Nähe. Allein oder mit einem geliebten Menschen. Und schau der Sonne beim Untergehen zu. Höre hin, was Professor Nacht heute lehrt. Schreib deinen eigenen Psalm auf. Oder lass dich einfach still daran erinnern: Ein Tag deines Lebens geht zu Ende. Ein Tag, der nicht in erster Linie eine Aufgabe an dich war, sondern ein Geschenk. „Für dich" stand heute drauf. Auch dieser Sonnenuntergang ist für dich. Und in diesem Moment, mit dem Einbruch der Dunkelheit, beginnt dein neuer Tag.

38 Staunend glauben

Es war ein Tischgespräch in einem wunderschönen Chalet in der Schweiz. Ich war zu Besuch bei der christlichen Kommunität L'Abri – ein Ort, an dem Kunst und Schönheit gepflegt wird und der Raum für Glaubens- und Lebensfragen für Menschen aus aller Welt bietet. Eine Glaubenskrise hatte mich dorthin gebracht, und so fand ich mich an diesem Tag in einer bunt zusammengewürfelten Runde von suchenden Menschen. Wir genossen das gute Essen und diskutierten über alles Mögliche. Philosophische Fragen und theologische Widersprüche, die sich für uns nicht einfach in das Bild vom liebenden Gott einfügen ließen. Nach einiger Zeit meldete sich ein junger amerikanischer Student zu Wort, der bisher nur zugehört hatte. Zögernd begann er: „Was ich einfach nicht verstehe...", er rang nach Worten und wir spürten, dass er etwas tief aus seinem Herzen mit uns teilen würde. „Also, was ich einfach nicht verstehe", versuchte er es erneut mit Tränen in den Augen, „ist, dass Gott mich tatsächlich lieb hat." Ich werde den Moment nicht vergessen. Es war, als hätte plötzlich das Staunen am Tisch Platz genommen und unsere ganzen intellektuellen und bestimmt auch berechtigten Fragen für einen Moment mit einer sachten Handbewegung zum Schweigen gebracht. Wir saßen an dieser schön geschmückten Tafel und kauten für einige Momente still an diesem Gedanken: Wie kann das sein, dass Gott MICH so ganz persönlich tatsächlich lieb hat? Es ist dieses Staunen, das mich dort vor so vielen Jahren erfüllt hat und das ich – bei allen ungelösten Fragen in mir – nie verlieren möchte.

Ehrfurcht und Freude

Als ich zum ersten Mal an der Klagemauer in Jerusalem war, habe ich über die ehrfurchtsvolle Haltung der orthodoxen Juden beim Beten gestaunt und wie sie sich danach rückwärts gehend und respektvoll von der Mauer entfernt haben mit der Absicht, Gott niemals den Rücken zudrehen zu wollen. Und dann reihten sie sich in die Tänze ein, die nur ein paar Meter weiter entfernt begonnen hatten – mit ungezügelter großer Freude. Dieser Anblick hat sich mir eingeprägt: Das ehrfürchtige Staunen und die Freude sind nicht weit voneinander entfernt!

Ein wacher Glaube

Eugene Peterson schreibt, dass *die Furcht des Herrn* ein üblicher biblischer Begriff für das Staunen ist, das einen entweder plötzlich überkommt oder im Leben kultiviert wird. Es ist das Staunen darüber, dass Gott „selbst als König unter uns lebt" (Zephanja 3,15). Es hält unseren

Glauben wach, weil wir spüren, dass etwas Großes geschieht – wie Kinder, die sich weigern einzuschlafen, weil sie sonst etwas verpassen könnten.

„Ohne das Staunen, das in der Furcht des Herrn liegt, gestalten wir unser geistliches Leben wie ein Selbsthilfe-Projekt. Wir wenden verschiedene Techniken an. Wir setzen uns Ziele. Wir bewerten unser Vorankommen. Das bestimmende Gefühl dabei ist, dass wir denken, wir sind nicht genug, unwürdig ... im schlimmsten Fall werden wir erfüllt mit Angst.“ [55] Die Furcht des Herrn ist aber, laut Peterson, eine Ehrfurcht, die frei von Angst ist, dafür aber Platz für das Staunen schafft.

Das Staunen kultivieren

Ich will lernen, dem Staunen einen Moment zu geben – das Staunen braucht immer einen Moment! –, bevor ich morgens meinen ersten Satz Richtung Gott schicke. Oder wenn ich schon, ohne nachzudenken, losgelegt habe und ein paar Gebetssätze spreche, dann will ich meine Worte noch einmal zurückpfeifen. Ich will mich innerlich wach rütteln und mir für einen kurzen Moment diese unfassbare Tatsache vor Augen halten: Wie kann es sein, dass ich im Gespräch mit dem Schöpfer des Universums leben darf? Wie kann es sein, dass er mir seine Freundschaft anbietet? Wie kann es sein, dass er mich so lieb hat?

39 Den Besten genießen

Vor einiger Zeit war ich mit meinem Mann zusammen bei einer Weinprobe in einer nahen Kelterei. (Ja, auch wir Schwaben haben Weinberge!) Eigentlich bin ich keine große Weintrinkerin. Rotwein ist leider das Lieblingsfutter für meine Migräne – ein kleiner Schluck und sie kommt schwanzwedelnd angelaufen. Deshalb einigte ich mich im Vorfeld mit meinem Mann: Er trinkt die Gläser mit der rubinfarbenen Flüssigkeit, ich kümmere mich um den Rest. Und das war auch nicht wenig. Ein Glas nach dem anderen wurde uns im Lauf des Abends angereicht. Wir wurden aufgefordert, einen Schluck zu nehmen und uns zum Geschmack zu äußern. Unentschlossen stammelten wir: „Süß und blumig? Der hier vielleicht eher trocken?" Mit uns saßen noch ein paar andere Menschen am Tisch, und gemeinsam lernten wir: Wein trinken kann jeder. Aber das Aroma zu erschmecken und es in Worte zu fassen – das braucht Übung! Also wurde das Glas geschwenkt – weil der Wein durch die Sauerstoffmoleküle sein Aroma entfaltet –, und dann staunte ich, was man beim Wein so alles erriechen kann. Also weniger, was *wir* riechen können, sondern der Weinkenner, der uns hier durch den Abend leitete. Er schnupperte. Schloss die Augen. Atmete tief ein. Dann nahm er einen Schluck, den er vorher unanständig schlürfend über die Zunge rollen ließ, seufzte verzückt und sagte Worte wie: „Fruchtig. Zitronig. Mit einer Spur Zimt. Und ein wenig Heu." (Heu? Ich habe in meinem ganzen Leben noch kein Heu im Wein geschmeckt! Will ich eigentlich auch nicht.) Aber dann forderte er uns auf, selbst einen Schluck zu nehmen. Und tatsächlich: zitronig. Eine Spur Zimt. Und, hm, eine kleine Note Heu könnte tatsächlich dabei sein. Ein paar Gläser später redeten wir uns langsam in Begeisterung. Plötzlich rochen wir alles Mögliche: harzig. Rauchig. Banane. Und hier eine Spur Stachelbeere. Wahnsinn! Zum Schluss wurden wir noch darüber belehrt, welcher Wein am besten zu welchem Essen passt, bevor wir fröhlich nach Hause wankten, in der Tasche ein paar Flaschen vergorenen Traubensaft und das „Aromarad für deutsche Weine".

Gestern wurde ich wieder an unseren Abend in der Kelter erinnert. Auch wenn keine Weinflasche in Reichweite war. Nur ein Freund und seine Gitarre. Ein Sonntagnachmittag in unserem Wohnzimmer. Bevor er anfing zu singen, sagte er leise und innig: „Jesus". Und dann folgte eine genussvolle Pause. Das macht er immer so. Und jedes Mal berührt mich dieser Moment. Gestern fiel mir ein, an wen er mich erinnert: an den Weinkenner! Es ist, als könnte der Freund Gott genießen und Eigenschaften von ihm wahrnehmen, von denen ich noch wenig Ahnung habe. Der Name Jesus klingt aus seinem Mund wie eine einzige Verheißung. Wenn ich die Augen dabei schließe, dann spüre ich Sanftheit. Und Leidenschaft. Weite wie Meeresrauschen und Nähe wie ein friedlicher Mutterkuss am Abend. Ich rieche Frühling und diesen erdigen Geruch des Bodens, wenn nach langer Trockenzeit endlich der Platzregen kommt. Ich schmecke Salz auf den Lippen. Und Honigsüße. Und eine kleine Note Heu könnte auch dabei sein ...

Wenn die Sehnsucht einen Namen bekommt

Ein Prediger hat einmal folgende Geschichte erzählt: Er war mit einer Gruppe junger Christen in der Mongolei unterwegs. Nach einer langen Reise durch diese wilde und wunderschöne Landschaft kamen sie zu einem Dorf. Sofort versammelten sich die Bewohner des Ortes auf dem Marktplatz, um die Fremden zu bestaunen. Es herrschte eine gespannte, erwartungsvolle Atmosphäre. Leider fanden sie auch nach längeren, mühsamen Versuchen keine gemeinsame Sprache. Da fing einer an zu singen. Zuerst zaghaft und leise: „Jesus, Jesus ..." Eine Melodie, die anfangs nur von den anderen im Team und dann auch von den Dorfbewohnern aufgegriffen wurde. So sangen sie gemeinsam an diesem Abend. Als Text hatten sie nur diesen einen Namen: Jesus. Der Prediger erzählte uns, dass der Marktplatz plötzlich wie in Licht getaucht war. Menschen gingen auf die Knie, fingen an zu weinen und zu lachen. Es war, als hätte die Sehnsucht ihrer Seelen einen Namen bekommen.

Was für ein Name!

Im Judentum wird der Eigenname Gottes, so wie er sich Mose vorgestellt hat, aus Scheu und Ehrfurcht nicht ausgesprochen. Deshalb wird er auch nur JHWH geschrieben und als „Adonai" (mein Herr) oder „Haschem" (der Name) ausgesprochen. Was mir daran gefällt, ist die Achtung, die die Juden vor diesem besonderen Namen haben und vor einem Gott, den man nicht fassen kann, sondern nur über tausend verschiedene „Geschmacksnoten" erschmecken und still genießen kann. Der Schabbat ist deshalb eine wunderbare Zeit, Gott zu genießen und sich alle seine Namen, mit denen er in der Bibel genannt wird und die etwas Verheißungsvolles und Großes über ihn sagen, auf der Zunge zergehen zu lassen. Hier eine kleine Auswahl zum Genießen:

- Immanuel = Gott mit uns (Jesaja 7,14)
- Fürst des Friedens (Jesaja 9,5)
- Brot des Lebens (Johannes 6,35.48)
- Freund der Sünder und Weintrinker (Matthäus 11,19)
- Licht der Welt (Johannes 9,5)
- Guter Hirte (Johannes 10,11)

- Die Auferstehung und das Leben
  (Johannes 11,25)
- Der Fels (1. Korinther 10,4)
- Fürsprecher (Hebräer 4,14)
- Anfänger und Vollender unseres Glaubens
  (Hebräer 12,2)
- Alpha und Omega, der Allmächtige
  (Offenbarung 1,8)
- Der Treue und Wahrhaftige (Offenbarung 19,11)
- Der König der Könige (Offenbarung 19,16)
- Der helle Morgenstern (Offenbarung 22,16)
- Retter und Heil der Welt (Apostelgeschichte 4,12)

40 Im Lieblingsbuch lesen

Seit einiger Jahren besitze ich ein E-Bike. Anfangs habe ich mich noch ein bisschen dafür geschämt. Zu der Zeit gab es noch keine schnittigen Mountain-E-Bikes, sondern diese Art von motorisierten Fahrrädern wurden leicht verächtlich als „Rentnerräder" bezeichnet. Und tatsächlich waren es vor allem ältere Menschen, die damals fröhlich winkend an mir vorbeigebraust sind, während ich mich noch mit meinem klapprigen Fahrrad (ohne Gänge!) schwitzend und keuchend den Hügel hinaufgequält habe. Irgendwann hat sich mein Mann erbarmt und mir ein E-Bike geschenkt! Und seither bin ich es, die fröhlich winkend an schwitzenden jungen Radfahrern vorbeizieht. Es ist einfach herrlich und bereichert meinen Alltag ungemein. Wenn sich ein kleines Zeitfenster am Nachmittag oder am frühen Abend auftut, lasse ich alles stehen und liegen, schwinge mich aufs E-Bike und fahre damit eine kleine Weile ziellos hin und her. Wenn mir dann der Fahrtwind so richtig ins Gesicht weht und mein Blick über die weiten Felder wandert, steigt jedes Mal ein freudiges Staunen aus meinem Herzen: „Gott, du hast das alles so schön gemacht!" Meistens komme ich dann, mit zerzausten Haaren und roten Backen, viel ausgeglichener wieder zu Hause an – bereit, den Rest des Tages in Angriff zu nehmen. Wenn ich so darüber nachdenke, dann erinnert mich das Ganze an die Art und Weise, wie ich sonntags gern in der Bibel lese. Wenn sich ein kleines Zeitfenster auftut, kann ich mich ins Schlafzimmer schleichen, mit einer Tasse Kaffee in der Hand und der Bibel unterm Arm. Und dann blättere ich einfach ein wenig darin hin und her. Am liebsten nehme ich dazu eine Übersetzung, die einfach geschrieben ist („Willkommen daheim" oder „The Message" sind dabei meine Favoriten). Das hilft mir beim genussvollen Lesen wie der kleine Motor beim Radfahren! Ich lese im Buch der Bücher, wie man in einem Lieblingsbuch oder einem spannenden Roman liest. Und wenn ich an einer interessanten Geschichte hängen bleibe, vertiefe ich mich darin. Das alles geschieht ohne mühsame Anstrengung. Ab und zu drücke ich beim Zuschlagen einen Kuss auf den Umschlag. Einfach, weil ich dieses Buch so mag!

Ich glaube, manchmal gehen wir ein bisschen zu ernst an die Sache mit der Bibel ran. Als wäre sie ein Arbeitsbuch und wir müssten die nächste Lektion endlich begreifen. Oft genug kämpfen wir uns durch schwierige Abschnitte oder wir streiten über die wörtliche Inspiration und hauen uns dabei Bibelstellen um die Ohren. Aber ach – es ist so ein weites, herrliches Land, durch das man vergnügt radeln kann, ohne jemals an sein Ende zu kommen. Und immer, wenn ich nach so einer kleinen Lesezeit unser Schlafzimmer wieder verlasse, spüre ich, dass meine Seele frischen Fahrwind abbekommen hat.

Teil der Geschichte

Das Lesen der Thora gehört bei den Juden unbedingt zum Schabbat. Die Thorarolle ist ihnen ebenso heilig wie das Wort selbst. (Sie würden allerdings niemals einen Kuss auf die Seiten drücken, sie fassen sie nicht mal mit den Fingern an!) Die Buchstaben werden als das „schwarze Feuer" der Thora bezeichnet. Das „weiße Feuer" sind die Räume dazwischen. Die Andeutung. Die Auslegung. Auch das Geheimnisvolle. In diesen Zwischenräumen ist Platz für uns. Wir dürfen uns immer und immer wieder in den Geschichten entdecken. Für jeden von uns ist hier Platz! Auch für mein kleines Leben. Wie dankbar bin ich dafür!

Buch in deiner Hand

Für einen Moment stelle ich mir vor, wie du dieses Buch gerade liest. Ich hoffe, du nimmst es gern zur Hand. Ich hoffe, es ist schön geworden. Und die Gedanken und Geschichten bereichern dich an deinem Sonntag oder wann immer du es liest. Aber was ich vor allem hoffe, ist, dass du zu diesem anderen Buch greifst. Diesem lebendigen Wort, das uns zur Ruhe bringt, erfrischt, uns die Fahrtrichtung zeigt und den nötigen Rückenwind schenkt. Mögen dich Gottes Worte Woche für Woche fröhlich winkend wieder auf den Weg schicken!

41 Tun, was uns froh macht

Mein Kind ist gestern den halben Nachmittag voller Freude durch die Wohnung gehüpft. Ich habe für ihn ein neues Trikot von Thomas Müller auf dem Flohmarkt erstanden, und er LIEBT Bayern München. (Wie der Vater, so der Sohn!) Außerdem habe ich mit ihm ausgemacht, dass er zu seinem Freund darf, wenn die Hausaufgaben fertig sind. Er LIEBT es, zu seinem Freund zu gehen. „Können wir es uns heute Abend noch gemütlich machen und Snacks zusammen essen?", fragt er noch, bevor er zu seinem Spielkameraden läuft. Snacks ist eins seiner Lieblingsworte. Er hat es auf einer Wochenendfreizeit mit Freunden aus Norwegen entdeckt. Ein (für ihn meist langweiliger) Abendvortrag auf Englisch schloss meistens mit den Worten: *„And now we have some snacks prepared for you!"* Snacks! Das war das Zauberwort, das ihn von einem Moment auf den anderen hellwach und froh gemacht hat. Manchmal beneide ich unser Kind um diese Fähigkeit: Er weiß genau, was ihn froh und lebendig macht! Ich glaube, das ist eine Gabe, die wir alle als Kinder hatten, aber mit den Jahren verschwindet sie irgendwo zwischen unseren

Alltagsverpflichtungen, der Effektivität und den ach so „wichtigen" Dingen des Lebens. (Da bleibt ganz wenig Platz zum Durch-die-Wohnung-Hüpfen!) Und einige von uns verlieren sie deshalb, weil wir zu viel darüber nachdenken, was andere wohl mögen und wie wir uns dementsprechend zu verhalten haben. Was mir bei meiner näheren Beschäftigung mit dem Schabbat am besten gefallen hat, war, dass es ein Tag ist, an dem dazu aufgefordert wird, das zu tun, was uns als Menschen froh und lebendig macht. Lauren Winner schreibt: *„In erster Linie wird geboten, am Schabbat froh zu sein und sich auszuruhen, kräftig zu feiern, fröhlich zu singen und seine besten Sachen anzuziehen. Verheiratete werden vom Rabbi ausdrücklich ermutigt, am Schabbat miteinander Sex zu haben."*[56]

Na, das ist doch mal eine Ansage! Und so ist der Schabbat auch eine liebevolle Aufforderung an uns, die Dinge wiederzufinden, die in uns vielleicht verschüttet sind, aber die uns von Herzen froh machen! Manche von uns müssen dabei vielleicht bis ganz tief in ihre Kindheit graben. Was hat uns damals froh gemacht? Wie könnte das heute aussehen? Vielleicht können wir mit ganz einfachen Dingen beginnen: Sich über Blumen freuen. Zur Lieblingsmusik durch die Wohnung hüpfen. Lesen. Freunde besuchen. Fußball spielen ... Wir könnten uns auch einen gemütlichen Abend auf dem Sofa gönnen, um darüber nachzudenken. Natürlich mit Snacks!

Mit allen Sinnen

Immer, wenn wir spürbar auftanken, sind unsere fünf Sinne mit im Spiel. Das könnte auch eine Spur sein, herauszufinden, was uns erfrischt und ganz lebendig macht. Wo werden unsere Sinne angesprochen? Was schenkt uns Entspannung und füllt unser Herz mit Freude?

„Waldbaden" ist seit einigen Jahren ein großer Trend aus Japan, der auch bei uns angekommen ist. Er hat nichts mit Baden zu tun, sondern mit einem ganz bewussten Aufenthalt in der Atmosphäre des Waldes. Einfach, weil das so guttut! Man kann auch sagen: Der gute, alte, sonntägliche Waldspaziergang wurde wiederentdeckt. Dieses Vergnügen, den weichen Boden unter den Füßen zu spüren, das frische Grün zu betrachten, den Duft der Tannennadeln einzuatmen und das Klopfen des Spechts zu hören ... Das Feiern des Schabbats spricht ebenfalls viele Sinne an: Angefangen vom Duft des frisch gebackenen Challas, der das Haus durchzieht, über die schön gedeckte Tafel, das sanfte Kerzenlicht, segnende Hände und liebevolle Umarmungen, das gute Essen bis zum Hören von heiligen Worten, das Singen der Lieder und dem Blick auf Gottes schöne Schöpfung. Der Schabbat in all seiner Schönheit erinnert daran, dass wir das Leben mit allen unseren Sinnen erfahren und genießen dürfen.

Barfuß gehen

Am Sonntag zieh die Schuhe aus.
Spür den Boden unter deinen Füßen.
Das warme Holz der knarrenden Dielen im Flur.
Fühle die Wärme des Ofens.
Halte dein Gesicht in die Sonne.
Höre deine Lieblingsmusik.
Lies gute Worte.
Zünde Kerzen an.
Lass dir das Gute auf der Zunge zergehen.
Schau die Menschen an, die du lieb hast.
Betrachte die Blumen auf den Feldern
und die Vögel am Himmel.
Tu, was dich froh macht,
und lass die Welt dich umarmen.

42 Schöne Erinnerungen schaffen

An diesem Sonntag hatten wir nichts Großes geplant. Wir wollten uns einfach mit Freunden treffen und eine Runde auf einem Waldweg spazieren gehen und dann gemeinsam picknicken. Als wir am Wanderparkplatz ankamen, mussten wir feststellen, dass an diesem ersten richtig schönen Frühlingstag des Jahres scheinbar alle Leute in unserer Umgebung dieselbe Idee gehabt hatten wie wir. Spontan änderten wir unsere Pläne. Ganz in der Nähe besitzt meine Schwiegermutter ein kleines „Stückle" Wiese, auf dem eine Reihe Apfelbäume steht. Einmal im Jahr kommen wir hier als Familie zusammen, um die Äpfel zu ernten. Dieses Stück Land, das ich bisher wegen der matschigen Äpfeln am Boden nur mit Gummistiefeln betreten hatte, bedeutete bisher vor allem eins für mich: Arbeit! Nun fuhren wir also – mangels Alternative und mit gedämpften Erwartungen – den holprigen Weg zur Apfelwiese. Gemeinsam mit den Freunden trugen wir unsere Picknickkörbe zu der grob gezimmerten Bank, die mein Schwiegervater vor langer Zeit hier aufgestellt hatte. Die Kinder tobten wie die jungen Hunde über die weiten Felder vor uns, während wir auf einem behelfsmäßigen Tisch – einem alten Baumstumpf – unsere Schätze ausbreiteten. Dann saßen wir unter den schattigen Bäumen, tranken unseren Kaffee, ließen den Blick über die weiten Wiesen vor uns schweifen, und ich war überwältigt von der Schönheit, die uns umgab. Die sanften Hügel am Horizont, die alten knorrigen Bäume und die verschlungenen Wege über die Felder. Außer dem Summen der Bienen und dem leisen gluckernden Bach war nichts zu hören. Wir atmeten Ruhe. Und Frieden. (Wir waren mit der Art von Freunden unterwegs, mit denen man wunderbar reden und ebenso wunderbar schweigen kann.) Irgendwann holte der Freund seine Gitarre und wir sangen ein paar Loblieder, und es war, als würden wir einfach mit einstimmen in die Schöpfung, die Gott lobte. So! Genau so fühlt sich ein perfekter Sonntag an, dachte ich bei mir. So kann es sein, wenn die Erde uns zum Ausruhen einlädt und nicht zur Arbeit. Dann nehmen wir ihre ganze Schönheit wahr. Erst als sich die Sonne auf den Weg hinter die Hügel machte und dabei ihre warmen Strahlen über die Landschaft ausgoss, machten wir uns widerstrebend auf den Heimweg. Wir fuhren mit offenen Fenstern über die ruhige Straße und hielten unsere Gesichter dem erfrischenden Fahrtwind entgegen. Dem Kind fielen schon die Augen zu, aber ein glückliches Lächeln umspielte seine Mundwinkel. Vielleicht träumte er schon. Von diesem besonderen Sonnen-Sonntag seiner Kindheit.

Familienerbe

Viele Gesänge und Gebete drehen sich am Schabbat um die Schönheit der Schöpfung. Marva Dawn schreibt, dass unser Herz sich nach Schönheit sehnt und dass der Schabbat ein wunderbarer Tag dafür ist, sich an der Schöpfung zu freuen und dadurch in unserer Liebe für den großen Meister-Designer und Künstler zu wachsen. Ihre schönste Sonntagserinnerung ist, wie sie mit ihren Eltern und Geschwistern kleine Wanderungen durch den Herbstwald in Ohio unternommen hat: *„Meine sonst so beschäftigten Eltern entspannten sich sichtbar in der schönen Natur. Sie bewunderten gemeinsam die Färbung der Blätter. In meiner Erinnerung wurde dieser Ausflug Jahr für Jahr noch schöner."* Und sie fährt fort: *„Familienerinnerungen von glücklich verbrachter gemeinsamer Schabbat-Zeit sind wie ein Erbe, das wir unseren Kindern weitergeben. Sie werden ihnen nicht nur dabei helfen, ihren eigenen Schabbat auf gute Weise zu halten, wenn sie erwachsen sind, sondern sie werden an diesem Tag auch glückliche Kindheitserinnerungen heben."*[57]

Wertvolle Erinnerungen sind ein wunderbares Geschenk, das wir einander machen können. Und vielleicht könnte es deshalb ab und zu eine gute Frage für unseren Sonntag sein: Welche schöne (und oft ganz einfache!) Erinnerung will ich heute für meine Familie, für meine Freunde oder für mich ganz alleine schaffen?

Sonntagserinnerung

Ausgebreitete Wanderkarten auf dem
Wohnzimmertisch.
Vesper-Rucksack von Papa.
Mama, die über die Schranke zum Waldweg hüpft.
Schilfgras flechten und Rindenschiffchen bauen.
Im Waldsee baden. (Irgendwann hören, dass es dort
Wasserschlangen gibt, und nie wieder im
Waldsee baden!)
Einkehren und Pommes mit Ketchup auf dem Teller.
Blätter sammeln und abends im großen Fotoalbum
pressen.
Heidelbeeren mit Zucker und Milch.
Wilder Feldblumenstrauß auf dem Tisch.
Gänseblümchen im Garten gießen.
Warme Erde unter den Fingernägeln.
Abendsonne, die hinter den Bergen verschwindet.
Ins Bett tragen lassen.

43 Eine Runde spielen

„Als er die Grundfesten der Erde abmaß, war ich wie ein Schoßkind bei ihm (oder: wie ein Liebling an seiner Seite) und war seine Wonne Tag für Tag, spielend vor ihm allezeit, spielend auf dem weiten Rund seiner Erde, und ich hatte meine Wonne an den Menschenkindern." (Sprüche 8,30)

Gestern war der beste Freund meines Mannes zu Besuch. Tatsächlich ist er auch für mich inzwischen so ein guter Freund, dass ich ihn nicht wirklich als „Besucher" wahrnehme. (Er trägt deshalb den Ehrentitel: „Freund des Hauses"!) Sobald er über unsere Türschwelle tritt, fügt er sich einfach in unseren gewohnten Ablauf ein, und wir werden durch sein Da-Sein immer bereichert. Auch deshalb, weil Samuel ganz oft nach dem gemeinsamen Essen den Freund mit leuchtenden Augen fragt: „Spielen wir eine Runde?" Meistens kommt seine Frage genau im richtigen Moment. Wenn unsere Gespräche und Gedanken zu schwer werden. Der Freund hat nämlich kein einfaches Leben. Aber er spielt gerne – genau wie wir. Die Anwesenheit des Freundes erinnert uns daran. Dann wird eilig das Brettspiel aufgebaut oder die Karten verteilt, und wir legen los. Wir zocken und raten und lachen und verlieren uns ganz im Spiel. Am Ende verliere meistens ich. Inzwischen kann ich ganz gut damit umgehen und kippe nicht mehr kurz vor Spielende den Tisch um (wie ich das als Kind öfters mal gemacht habe). Wir verabschieden den Freund mit Leichtigkeit im Herzen und freuen uns schon auf seinen nächsten Besuch.

Nun weiß ich auch, dass nicht jeder Gesellschaftsspiele mag. Aber es gibt ja viele Facetten des Spielens. Es kann ein spontaner Wettlauf beim Spaziergang sein, ein Autoratespiel auf einer langen Fahrt, Geschichten erfinden auf einer Wanderung, Boccia spielen auf dem Marktplatz oder Federball spielen im Hof beim Sonnenuntergang. Was all das Spielen gemeinsam hat, ist: Es schenkt uns Selbstvergessenheit. Es bewirkt, dass wir aufhören, den Bauch einzuziehen, dass wir hüpfen und lachen, dass wir hineingenommen werden in die Freude des Augenblicks. Der amerikanische Autor und Theologe Frederick Buechner, dessen Worte ich so liebe, schreibt von dem „heiligen Auftrag zur Freude"[58], den wir als Menschen haben. Was für ein wunderbarer Auftrag ist das denn? Und er lenkt den Blick auf die Schöpfung, auf die spielerische Freude, die man darin erkennen kann:

„Was hatte Gott vor, als er die Sterne ins Universum warf, wie Konfetti-Regen auf einer Parade, als er das Wasser in den

Seen gesammelt hatte, wie eine Muschelsammlerin, und als er Geschöpfe hervorgebracht hat mit einer Leichtigkeit, als würde er sie zum Tanz auffordern?"[59]

Es ist ein Lachen, das im Herzen des Universums liegt, von dem wir uns anstecken lassen dürfen. Gott ruft, und Schöpfer und Schöpfung verlieren sich in der Freude am Spiel. Und seine Anwesenheit in unserem Leben kann Ähnliches bewirken, wie die Anwesenheit unseres Freundes am vergangenen Sonntag: Er erinnert uns an das, was wir fast vergessen hätten, was uns aber so guttut. Befolgen wir den heiligen Auftrag zur Freude. Spielen wir!

Stay together! Play together!

Meine Schwester bekam von dem amerikanischen Pastor, der sie und ihren Mann getraut hat, diesen Ratschlag für die Ehe: *„The couple that plays together, stays together."* (Zusammen bleibt, wer zusammen spielt!) Bestimmt hat er ihnen damals noch viel mehr gesagt, aber dieser Satz blieb mir im Gedächtnis. Seitdem ist viel Zeit vergangen. Vor Kurzem sind die beiden Kinder meiner Schwester und meines Schwagers ausgezogen. Neulich sagte sie zu mir: „Das tut uns auch ganz gut. Nur wir zwei. Wieder so wie am Anfang. Wir müssen vieles wieder neu zusammen lernen und entdecken. Das gemeinsame Spielen", so sagte sie mir, „gehört auch dazu."

Zweckfreies Verhalten beobachten

Vielleicht wäre das ab und zu eine richtig passende Sonntagsbeschäftigung: Kindern beim Spielen zuzuschauen! Am besten fremden Kindern, dann muss man nicht eingreifen, wenn sie sich gegenseitig die Schaufel über den Kopf ziehen! Oder Tiere beobachten: hüpfende Spatzen, Hunde, die Bällen nachjagen, Katzen, die mit Zweigen spielen. Forscher haben übrigens einen Begriff für spielende Tiere: zweckfreies Verhalten. Tiere spielen nämlich nur dann, wenn sie satt sind und sich in einer stressfreien Umgebung befinden. Eine Sache werden wir beim Zuschauen feststellen: Wir beginnen zu lächeln! Denn frohes und völlig zweckfreies Spielen ist wie ein Kinderlachen: Es hat immer etwas Ansteckendes!

7. TEIL

Das Gute teilen

„Dem Dankbaren wird alles zum Geschenk, weil er weiß,
dass es für ihn kein verdientes Gut gibt."
DIETRICH BONHOEFFER

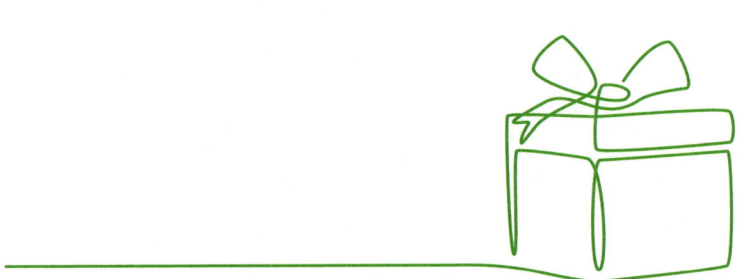

44 Reich beschenkt!

Anfang letzten Jahres hatte ich, gemeinsam mit meiner Schwester, ein Erbe angetreten: unser Elternhaus. Ein altes Schindelhaus im Schwarzwald, das zu Beginn des letzten Jahrhunderts gebaut wurde. Mein Opa, den ich leider nie kennengelernt habe, hat es gekauft, und mein Vater hat dann den Dachstock für unsere Familie ausgebaut. Um es klar zu sagen: Ich habe in diesem Haus keine Wand hochgezogen und keinen Cent für das Grundstück bezahlt! Ich habe vielleicht bei der einen oder anderen kleinen Renovierung mitgeholfen, aber von meinem Arbeitswert her wäre ein herzliches „Danke" und eine Brotzeit völlig angebracht gewesen. Nichts, aber auch wirklich gar nichts, was ich getan habe, rechtfertigt, dass ich nun die Hälfte dieses Hauses besitze. Und auch die Wohnung, in der wir zurzeit wohnen, konnten wir nur deshalb beziehen, weil mein Mann eine wunderbare Gabe hat, gut mit Geld umzugehen. Ich lebe in dem völlig berechtigten Bewusstsein: Alles, was ich habe, ist ein Geschenk! Fast jedes Wort, das ich hier auf die Seiten tippe, habe ich durch die Inspiration von anderen Menschen bekommen und letztlich, so hoffe ich, auch von Gottes schöpferischem Geist. Die Vermutung von unfairer Bereicherung wäre in meinem Fall also durchaus angebracht! Und so vieles von dem, was ich heute so ganz selbstverständlich genieße, ist nur deshalb da, weil Generationen vor mir dafür hart gearbeitet oder andere kluge Menschen es erfunden haben. (Wenn alle so wären wie ich, würden wir noch wie in der Steinzeit leben. Wir würden uns die meiste Zeit mit Feuermachen abmühen, aber wir wären wenigstens meistens nett zueinander!) Und überhaupt: Ich habe nichts dafür bezahlt, dass ich auf dieser Welt sein darf! Es gab keinen Eintrittspreis, und es wird auch keine monatliche Miete von unserem Schöpfer verlangt! Die schönsten Wälder, Gebirgsketten, üppige Blumenwiesen, rauschende Meere und stille Seen: alles ganz umsonst! Für uns. Zum Genießen! Es war die Idee von uns Menschen, Preisschilder an die Dinge zu hängen. (Keine wirklich gute Idee!) Und wenn wir dem Trugschluss aufsitzen, wir hätten nur das im Leben, was wir uns hart erarbeitet und somit auch redlich verdient haben, dann ist es gut, wenn wir unsere Hände mal einen Tag ruhen lassen und dabei an die hart arbeitenden Fabrikarbeiter in Bangladesch oder Indien denken, bei denen diese Rechnung so nicht aufgeht. Der Schabbat lehrt uns zu begreifen: Es ist nicht *meine* Arbeit, die den Samen dazu bringt, zur Ähre aufzuwachsen. Und der andere steht bei mir nicht wirklich in der Schuld!

Alles, was wir haben, was unsere Vorratsschränke füllt, was wir verleihen, verkaufen und verschenken können, das ist uns geschenkt! Und an dem Geschenkten darf man sich einfach mit dankbarem Herzen freuen. *Es ist nicht der Besitz, der uns froh macht – sondern die Dankbarkeit macht uns froh!* Diesen tollen Satz habe ich irgendwo mal gelesen. Leider konnte ich den Urheber dieser Erkenntnis nicht ausfindig machen. „Geschenkt!", flüstert Gott lächelnd. „So wie alles andere auch."

Einen Tauchgang einlegen

Vor einiger Zeit habe ich etwas über die „stehende Tiefe" gehört. Sie beginnt ca. zwei Meter unter der Oberfläche des Meeres. Hier ist ruhiges Wasser, egal, wie stark oben die Wellen toben. Die „stehende Tiefe" meines Lebens, zu der ich immer wieder gelangen will, ist die Dankbarkeit. Wenn ich wie getrieben gegen die Alltagswellen ankämpfe und die Unzufriedenheit nach mir greift, dann hilft es mir, ein bisschen tiefer zu tauchen. Und wie ein Taucher, den das Staunen über die Unterwasserwelten packt, will ich immer wieder einen sonntäglichen „Tauchgang" einlegen und über alles staunen, was mein Leben im Tiefsten so reich macht! Leuchtende Felsenriffe von Gnade. Erbarmen. Vergebung. Und ein Ozean von alles umfassender Liebe.

Am Sonntag zurückkehren, um DANKE zu sagen

Auch der jüdische Schabbat ist angefüllt mit Dankgebeten. Man dankt Gott für die Frucht des Weinstocks, für das Brot, das aus der Erde hervorkommt, für Gottes Gnade und dass er die Ruhe erschaffen hat. So ein Feiertag ist wirklich ganz wunderbar dafür geeignet, sich im eigenen Leben umzuschauen und Gott ganz bewusst DANKE zu sagen für alles, was uns geschenkt ist. Seit ein paar Jahren habe ich ein kleines „Danke-Buch", in dem ich jeden Tag ein paar Dinge aufschreibe, für die ich dankbar bin. Am Sonntag habe ich mir angewöhnt, keine neuen Gründe zum Danken aufzuschreiben, sondern ich lese, was ich in der vergangenen Woche an Segnungen aufgeschrieben habe. Und jedes Mal bin ich fasziniert, wie viel da zusammengekommen ist! Und wie vieles davon ich schon wieder total vergessen hätte, hätte ich es mir nicht aufgeschrieben. So ist der Sonntag für mich auch ein Tag, an dem ich diese kleine „Erinnerungskultur" pflege. Und am Montagmorgen zähle ich weiter.

„I'm counting every blessing,
counting every blessing.
Surely every season you are good to me."

Rend Collective (Soundtrack auf Youtube)

45 Großzügig leben

„Fünf sind geladen, zehn sind gekommen.
Gieß Wasser zur Suppe, heiß alle willkommen."

Diesen Spruch hörte ich ab und zu von meiner Oma,
und er passte wunderbar zu ihrem großzügigen Wesen.
Er könnte aber genauso gut von einer jüdischen Haus-
frau gesagt werden. Am Schabbat wird mit unerwar-
teten Gästen gerechnet und deshalb oft schon im Vorfeld ein paar Portionen mehr gekocht. Im Buch „Life is
with the people", in dem die Traditionen der osteuropäi-
schen Juden aus der Zeit vor dem Holocaust beschrieben werden, heißt es: *„Der Schabbat bringt die Freude der*
Zukunft … Keiner muss arbeiten, keiner soll klagen, keiner
sich sorgen, und keiner soll an diesem Tag hungern. Jedem
Juden, dem es an einem Schabbatessen mangelt, soll von de-
nen geholfen werden, die mehr haben."[60] Wenn ein Fremder
in die Synagoge kam, wurde er ganz selbstverständlich
zum Essen eingeladen. Und am Sederabend (dem Pas-
sahfest) wird bis heute ein Extragedeck aufgelegt – oder
zumindest ein Glas Wein befüllt – in Erwartung des Pro-
pheten Elias. Am Ende der Mahlzeit wird dann die Tür

weit geöffnet, um die Sehnsucht auszudrücken, dass er – der Vorläufer des Messias – doch bald kommen möge. Vielleicht könnten wir ja ab und zu am Sonntag auch ein Extragedeck für spontane Gäste auflegen und dabei besonders diejenigen im Blick haben, die Jesus als seine „geringsten Brüder" bezeichnet. Wenn wir sie aufnehmen, dann – so sagt es Jesus – haben wir gewissermaßen ihn selbst als Gast an unseren Tisch geladen.[61] Oft sind es diejenigen, die sonst keine Sonntagseinladungen bekommen. Die, die gern kommen, aber keine Gegeneinladungen starten können und die manchmal auch ein bisschen Stallgeruch mitbringen. Aber das könnte ja dann ein Zeichen sein, dass es tatsächlich Jesus ist.

Ein extra Teller Suppe

Jeden Sonntag nach dem Gottesdienst klingelte es bei unserer Oma an der Tür. Wir Kinder beugten uns weit über das Geländer, um die Ankunft von „Anna vom Berg", wie sie bei uns genannt wurde (immer nur „Anna vom Berg", als wäre es ein Adelstitel!), zu beobachten. Zuerst schlug ihr schwerer Gehstock ans Geländer, und dann zog sie sich mühsam, Stufe um Stufe, zur Wohnung unserer Oma und hinterließ, zum Schaudern von uns Kindern, auch immer einen deftigen Stallgeruch im Treppenhaus. Dann setzte sie sich an den klapprigen Tisch in der Küche, und meine Mutter stellte eine dampfende Suppe auf den Tisch. „Vergelt's Gott!", sagte Anna jedes

Mal von Herzen zu meiner Mutter. Sonst sagte sie nicht viel, sondern schlürfte eifrig das Essen in sich hinein. Dann humpelte sie wieder mühsam die Treppe hinunter, zurück auf ihren Berg, auf dem sie allein in einem alten Bauernhaus wohnte. Im Rückblick bewundere ich meine Mutter dafür, dass sie so selbstverständlich am Sonntag einfach eine Portion mehr gekocht hat. Und ich bin auch ein bisschen beschämt darüber, dass wir Anna nicht an unseren großen Esstisch geholt haben (kann gut sein, dass es aufgrund der Weigerung von uns Kindern war). Was dieses sonntägliche Essen – gemeinsam mit meiner Oma – aber für „Anna vom Berg" bedeutet hat, werden wir wohl erst im Himmel erfahren – an ihren strahlenden Augen oder daran, wie Gott es meiner Mutter „vergelten" wird.

Das Beste geben

Vor immer mehr Häusern findet man eine Geschenk-Box. Darin kann man kleine Schätze entdecken – von den bisherigen Besitzern aussortiert. Bücher, die bereits gelesen wurden, oder alte Gegenstände, die durch neuere (und bessere?) ersetzt wurden. Es gibt auch zunehmend offene Buchschränke und Tauschregale. Das alles gefällt mir sehr gut. (Und die offene Bücherei war in der Corona-Zeit ein Rettungsanker für mich!) Etwas ganz Besonderes finde ich allerdings den Brauch vieler Kulturen, nicht das Überflüssige und vielleicht schon etwas Schadhafte, sondern das Beste zu verschenken! Es ist – neben der Ehrerbietung für den Beschenkten – sogar eine richtige Prestigesache, weil man damit zeigen kann: Wer es sich leisten kann, das Beste zu verschenken, der ist wahrlich reich! Ich habe mir vorgenommen, immer mal wieder etwas von meinem Besten zu verschenken: die Lieblingsjacke, die einer Freundin eigentlich noch viel besser steht. Zur besten Zeit des Tages mit dem Kind spielen. Den ersten Strauß Sonnenblumen, eigentlich für mich gepflückt, der syrischen Mama in die Hand drücken. Diese Großzügigkeit einzuüben, lässt mich auch ein bisschen freier werden von meinem ständigen Habenwollen und der Angst, zu kurz zu kommen. Und sie ist die Erinnerung, dass ich wahrlich unfassbar reich bin.

46 Hol den Untersetzer: Es läuft über!

Wir sitzen bei Freunden und feiern den Geburtstag des Ehemanns und Vaters. Und weil es ein Samstag ist, haben wir das Glück, die Sonntagsbegrüßung in dieser Familie mitzuerleben. Die Kerze wird angezündet, die Kinder gesegnet und der Wein wird eingeschenkt. Dabei erleben wir ein tolles Ritual, das nicht nur die Kinder zum Lachen bringt. Der Vater schenkt zuerst nur ein wenig ein und sagt dann: „Gott gibt uns so viel Gutes, er macht unser Glas fast halb voll." „Nein!", rufen (schreien!) die Kinder: „Bis es überläuft!" Der Hausherr schenkt also noch ein wenig ein. „Das müsste doch jetzt reichen, oder?" Wieder rufen die Kinder: „NEIN! Bis es überläuft!" Wieder schenkt der Vater nach. Jetzt ist das Glas voll und er sagt: „So, mehr geht nicht rein. So viel gibt uns Gott!" Und wieder rufen die Kinder begeistert: „Nein, bis zum Überlaufen!" Und dann, unter Gelächter, wird ein letztes Mal nachgegossen, und der Wein fließt über den Rand des Glases in den großen Unterteller, auf den das Weinglas vorsorglich gestellt wurde. Ein toller Moment! Ich blicke in die strahlenden Augen der Kinder, und plötzlich packt mich der schmerzliche Wunsch, alle Kinder mögen so gesegnet sein! Alle mögen so eine Liebe erleben, wie sie hier in diesem Haus gefeiert wird! Wie sehr braucht diese Welt Menschen, die nicht nur ihren eigenen Reichtum genießen, sondern ihn überfließen lassen zu anderen. Menschen mit weiten Herzen, die nicht nur ihr eigenes Wohlergehen und ihre eigenen Kinder im Blick haben, sondern die auch diejenigen an ihren Tisch einladen, denen so selten Hände aufgelegt werden, die sie segnen. Unsere Freunde sind solche Menschen. Die Großzügigkeit, die sie hier an ihrem Tisch feiern, sehe ich in ihrem Leben. Ich sehe es an den vielen Nachbarskindern – inklusive meines Sohnes –, die unter der Woche durch ihren Garten springen und mit Essen und Trinken versorgt werden. (Neulich waren so viele Kinder da, dass ich die Freundin ernsthaft gefragt habe: „Kennst du die wirklich alle mit Namen?") Und in unseren Gesprächen merke ich auch immer, dass sie einen Blick für die ganze Welt haben und diejenigen nicht vergessen, die in Not sind. Woche für Woche feiern sie den Reichtum, den sie haben und dann ... – lassen sie es überlaufen!

Apfelmost für alle!

Während ich hier gerade schreibe, läuft mein Mann in unserer Wohnung geschäftig hin und her. Er sammelt Flaschen und spült alte Schläuche aus (und macht dabei den ganzen Küchenboden klebrig!). In unserem Keller lagert ein großes Fass mit frischem Apfelsaft, den er gestern vom Mosten mitgebracht hat. Am vergangenen Wochenende waren wir auf dem „Baum-Stückle" meiner Schwiegermutter und haben die Äpfel dafür von unseren Bäumen geschüttelt. Und nun wird die süße, leuchtende Flüssigkeit in Flaschen gefüllt und an sämtliche Nachbarn und Freunde verteilt. Wie schön, wenn man etwas hat, was überläuft (und – noch besser – wenn es nicht auf dem Boden klebt)!

Andere beschenken

Am Sonntag können wir in Ruhe einmal unseren Reichtum betrachten und überlegen: Wo ist gerade mein „Überfluss"? Vielleicht ist es eine besondere Gabe, die ich habe, ein finanzieller Segen, oder vielleicht ist es das wertvolle Geschenk der Zeit, das ich gerade im Überfluss habe.

Marva Dawn berichtet darüber, dass viele ihrer jüdischen Freunde den Schabbat zum Anlass nehmen, andere zu beschenken. Sie hat diese Tradition für sich übernommen und macht ganz bewusst am Sonntag jemandem eine kleine Freude. Mit ein paar Blumen, einem selbst gebackenen Kuchen, einem Gruß auf einer Karte oder einem handgeschriebenen Brief (dafür kann man sich am Sonntag Zeit nehmen!). Hier geht es nicht um eine fromme Leistung (das „Gutes-Tun" darf am

Sonntag getrost mal ruhen!), sondern um die Freude, die eine Tendenz dazu hat überzulaufen. Und deswegen sind ihre Sonntage auch mit dem stillen Vergnügen erfüllt, das immer dann entsteht, wenn man anderen eine Freude machen kann.

47 Gemeinsam unterwegs sein

Kleine Spaziergänge mache ich gerne allein. Bei großen Strecken ist es allerdings sinnvoll und hilfreich, Weggefährten zu haben. Ein afrikanisches Sprichwort drückt das so gut aus: *„Wenn du schnell gehen willst, geh alleine, wenn du weit kommen willst, geh gemeinsam."* Das Vorhaben, auf lange Sicht ein gutes Leben aus der Ruhe zu führen, ist groß. Und wenn man sich entschieden hat, dabei den Spuren von Jesus zu folgen, dann ist das eine noch gewaltigere Sache! Um auf diesem Weg zu bleiben, brauche ich Menschen an meiner Seite, die mir Mut machen, besonders wenn die Strecke sich zieht oder unerwartet steil wird. Und ich brauche gemeinsame Pausen, wo wir zusammen die Landkarte studieren, miteinander lachen und die Umgebung bewundern und uns das lohnende Ziel vor Augen halten. Ganz viel davon geschieht für mich am Sonntag im Gottesdienst. Der Gottesdienstbesuch ist in unserer Familie einfach gesetzt und wird nicht jede Woche aufs Neue verhandelt. Natürlich kann er aus bestimmten Gründen auch einmal ausfallen, aber er gehört zum Sonntag für uns ebenso dazu wie das Ausruhen und das Genießen. Von ganzem

Herzen und mit Strahlen im Gesicht kann ich sagen: Ich glaube an die Gemeinschaft der Heiligen! (Einer der Gründe, warum ich ein ganzes Buch darüber geschrieben habe![62]) Ich glaube daran, dass wir einander brauchen auf unserem Weg zur ewigen Heimat.

Ich brauche meine Weggefährten, über die ich mich auch ehrlich gesagt oft genug ärgere.

Ich brauche es, an einen Ort zu kommen, an dem die Gitarren gestimmt werden und ich lauthals in die Lieder mit einstimmen kann, die mir etwas über Gottes Größe sagen. Ich brauche es, dass jemand vor mir die Bibel aufschlägt und mir davon erzählt, wie sich Gott das mit unserem Leben hier gedacht hat. Ich brauche eine Hand auf der Schulter, die mich segnet, und ein Tablett mit Brot und Wein, das mir zusichert: Sein Angesicht bleibt mir zugewandt, wie auch immer ich meinen Alltag in der letzten Woche bewältigt habe. Ich bin ein sehr vergesslicher Mensch. Und ich brauche diese Erinnerungen, Sonntag für Sonntag – egal, in welcher Reihenfolge. Ich empfinde es genauso, wie es eine andere Kirchgängerin einmal beschrieben hat: *„Ich gehe nicht zur Kirche! Ich treffe mich sonntags mit meinen Weggefährten, um daran erinnert zu werden, wie wir unter der Woche Kirche SEIN können.“* Und dann segnen wir uns zum Abschied und winken einander zu und machen uns wieder auf den Weg nach Hause. Bis zum nächsten Treffpunkt. Am kommenden Sonntag.

Zwei oder drei

Im Judentum ist der Gottesdienstbesuch am Schabbat ebenfalls gesetzt. Es werden allerdings mindestens zehn Erwachsene – ein sogenannter *Minjan* – benötigt, um einen Gottesdienst durchzuführen. Deshalb kommt es auch ab und zu vor, dass jüdische Männer am späten Freitagnachmittag in den Straßen der israelischen Städte angesprochen werden mit der Bitte, in eine Gebetsstube mitzukommen. Wenn die dort wartenden Glück haben, dann bekommen sie die nötige Verstärkung und können mit dem Gebet beginnen.[63] Interessant ist, dass Jesus sagte: *„Wo zwei oder drei in meinem Namen versammelt sind, da bin ich mitten unter ihnen.“* Was für eine Aussage in einer Welt, in der die „wichtigen“ Leute erst dann auftauchen, wenn eine größere Veranstaltung stattfindet und auch ausreichend Publikum da ist. Jesus sagt schon der kleinsten Gemeinschaft zu: Wenn ihr in meinem Namen zusammenkommt, dann könnt ihr damit rechnen, dass ich dabei bin! Und das ist nun wirklich eine große Sache.

Vielleicht mal hingehen und schauen

Für manche ist die Schwelle zu einem Gottesdienst sehr hoch. Das kann zahlreiche, sehr verständliche Gründe haben. Und manche Gemeindeformen sind für die einen abschreckend, für andere aber genau richtig. Wie gut, dass es ganz verschiedene Kirchen gibt. Man kann vielleicht einfach mal hingehen und schauen, ob sich dort Reisegefährten (in all ihrer Unvollkommenheit!) finden könnten, denen man sich anschließen möchte. Und vielleicht erhascht man mittendrin sogar einen Blick auf Jesus. Das allein wäre das Wiederkommen wert.

Und für all die anderen, die ihre kleine Reisetruppe schon gefunden haben: Wie wäre es, wenn wir beim nächsten Zusammentreffen einander mal wieder ganz bewusst anschauen, so wie wir nun mal sind (und uns vielleicht zeigen lassen, wie Jesus uns sieht?), und dann einmal dankbar lächelnd sagen: Wie froh bin ich, dass ich euch habe!

48 Ein bisschen mehr zusammenrücken!

Wenn ich den Ablauf des jüdischen Schabbats anschaue, dann finde ich, dass letztlich doch mal wieder eine ganze Menge Arbeit an den Müttern hängen bleibt! Andererseits sehe ich auch, dass häufig (zumindest in den orthodoxen Familien) im Kreis der Großfamilie gefeiert wird. Und da sitzt dann mit den Onkeln, Tanten, Cousins, Cousinen und Großeltern auch wieder eine ganze Menge an „Entlastungsmöglichkeit" mit am Tisch. Das war früher bei uns nicht anders. Und wenn unter der Woche bei meiner Mutter der Geduldsfaden sehr dünn wurde, haben wir uns ein Stockwerk tiefer zur Oma verzogen. Ach, wie gerne hätte ich auch so eine Oma einen Stock tiefer, seit ich Mutter bin! Wie hilfreich wären ein paar ausgestreckte Arme im Gottesdienst gewesen, die mir in der anstrengenden Kleinkindphase das Kind abgenommen hätten! Leider bestand unser Bekannten- und Freundeskreis zum größten Teil aus Menschen, die in einer ähnlich stressigen Lebensphase waren wie wir selbst. In unserer (ehemals) sehr jungen Gemeinde habe ich erlebt: Wenn die Älteren und Jüngeren in Gemeinschaften getrennte Wege gehen, tun sich in bestimmten Lebensphasen schmerzhafte Lücken auf. Das ist die Kehrseite einer Individualismus-Gesellschaft. Wir wollen unabhängig und frei sein, und als Folge davon müssen wir so manches allein bewältigen, was man gemeinsam so viel besser machen könnte. Und ich frage mich: Könnten wir das vielleicht anders hinkriegen? Könnten wir nicht wieder ein bisschen mehr zusammenrücken? Wäre es nicht schön, wenn Alt und Jung im Gottesdienst beieinandersitzen würden, damit wir einander sagen können, dass wir uns gegenseitig brauchen?! Wie schön wäre es, wenn sich wieder mehr Menschen am Sonntag um die Familientische versammeln würden, wenn Familien in stressigen Phasen sich mit dem Essenkochen abwechseln würden, dass jeder einmal zum Aufatmen kommt? Wenn Einsame den Überforderten die Hände reichen würden? Wenn die Alten für die Jungen ein wenig Schabbat zum Ausruhen sein könnten und die Jungen den Älteren die Tür zum wilden Leben öffnen würden? Vielleicht gelingt uns das erst mal nur in kleinen Ansätzen. Aber wir könnten für die nächste Generation ein paar Weichen stellen, damit sie andere und bessere Wege miteinander findet.

Win-win

Eine Weggefährtin, die zwei wunderbare, wilde Jungs hat, lädt am Sonntag oft ihre Single-Freunde zum Essen ein. „Das ist eine Win-win-Situation", sagt sie mir strahlend. „Die Freunde freuen sich, weil sie Teil unseres trubeligen Familienlebens sein können, und ich freue mich und atme einen Moment durch, wenn sie mit unseren Jungs nach dem Essen noch ein bisschen durch den Garten toben oder ihnen eine Geschichte vorlesen."

Wir sind zusammen hier

Das ist etwas, was mir sehr schwerfällt: meine Schwachheit eingestehen und andere wissen lassen, wenn es mir nicht gut geht. Aber ich glaube, dass gerade unsere schwachen Momente Gelegenheiten zur Tiefe und Nähe in unsere Beziehungen bringen. Und weil ich mir genau das wünsche, lerne ich ganz langsam, auch mal mitten in den schwierigen Momenten (und nicht erst hinterher!) zum Telefonhörer zu greifen oder kurz bei der Freundin vorbeizuschauen und ihr mein Herz auszuschütten, wenn ich gerade ganz verzweifelt bin. Ich will in der Wahrheit leben, dass wir einander brauchen. Und erleben, wie gut es tut, wenn wir uns dann gemeinsam an unseren Retter wenden. *„Wie schön"*, sagt er dann lächelnd: *„Ihr seid zusammen hier!"*

49 Am Esstisch

„Mit uns hat er, nachdem er von den Toten auferstanden ist, gegessen und getrunken."
(Apostelgeschichte 10,41; NGÜ)

Ich mag es so sehr, dass die zentrale Feier am Schabbat-Abend keine lange Gebetszeit und kein liturgischer Gottesdienst ist. Es ist auch keine persönliche Meditationszeit und kein vorgeschriebenes Thorastudium am Vorabend. Es ist das gemeinsame Essen! Eine gedeckte Tafel, an der vertraute Menschen und Gäste Platz nehmen können. Und auch, wenn man die Evangelien durchblättert, entdeckt man, dass viele der Geschichten und Gespräche mit Jesus während der gemeinsamen Mahlzeit passieren. Angefangen von der Hochzeit zu Kana über die Essenseinladungen bei Simon, Maria und Martha, Zachäus, Levi und vielen anderen, die nicht ausdrücklich erwähnt werden. Jesus scheint viele Einladungen zum Essen angenommen zu haben, ohne dabei wählerisch zu sein. (In Lukas 4,29 beklagen sich die Pharisäer, dass er mit den Sündern und Zöllnern isst, und an anderer Stelle werfen sie ihm sogar vor, ein

„Fresser und Säufer" zu sein!) In den wenigen Begegnungen als Auferstandener zeigte Jesus sich den Emmaus-Jüngern beim Abendessen und machte noch ein letztes Mal am See Tiberias Frühstück für seine Jungs. Und auch als Erinnerung an seine große Versöhnungstat am Kreuz gab er uns keine langen theologischen Erklärungen, sondern das Abendmahl, was in den frühen Gemeinden immer als eine große gemeinsame Mahlzeit gefeiert wurde.

„Es ist nicht leicht, die Evangelien zu lesen, ohne Hunger zu bekommen", drückt das Tomas Sjödin so wunderbar aus. Viele wichtigen Gespräche und viele lebensverändernde Begegnungen fanden beim Essen statt. Ich frage mich, wann sich das geändert hat. Wann wurde das Abendmahl zu einer steifen Veranstaltung mit einem kleinen Schluck Wein und einer geschmacksneutralen Oblate, die am Gaumen klebt? Wann wurden geistliche Gespräche und Begegnungen zu Monologen, von studierten Menschen vorgetragen und an Menschen gerichtet, die auf unbequemen Bänken sitzen und darauf hoffen, schnell nach Hause zu kommen, um dort bei einem schmackhaften Essen die echten und ehrlichen Gespräche führen zu können? Ich will das nicht anklagend schreiben. Ich weiß, dass alles seine Geschichte und damit auch berechtigte Gründe hat. Ich wünsche mir nur so sehr, dass wir das Evangelium wieder an unsere Esstische zurückholen! Dass wir die Tafeln ausziehen, so

weit es geht, und Menschen einladen und lange Gespräche führen über das, was uns wirklich bewegt. Und dass wir erleben, wie Jesus sich zu uns setzt und wir an Leib und Seele satt werden.

Bringt Hunger mit!

In unserer kleinen Gemeinschaft – die in vielen Bereichen anderen Gemeinden vermutlich hinterherhinkt! – haben wir mit den Jahren tatsächlich so etwas wie eine gemeinsame Esskultur entwickelt. Eine Zeit lang haben wir nach unserem Gottesdienst zusammen Abend gegessen. Dann haben wir den Gottesdienst auf den Vormittag verlegt und miteinander gefrühstückt. Im Moment trinken wir nach unserem Gottesdienst gemeinsam Kaffee oder bestellen Pizza für alle. Die Zeiten können sich ändern, Leute kommen und gehen – was beständig bleibt, ist das gemeinsame Essen! Ich liebe Lissys Linsensalat, die Scones und den Kaffee von Andrea, die Zimtschnecken von Becky, das Grillfleisch von Jörg ... ach, das gemeinsame Essen ist einer der schönsten Gründe, warum ich da immer noch hingehe! Und wie wunderbar wäre das, wenn wir sonntags an immer mehr Kirchentüren mit diesen Worten begrüßt würden: „Willkommen zum Gottesdienst! Ich hoffe, ihr habt Hunger mitgebracht!"

Tischgebet

Komm, Herr Jesus, sei du unser Gast!

Segne die Menschen, die hier sitzen, und segne unser
Tischgespräch, damit jeder seinen Platz findet.

Segne uns mit Worten, die Kraft geben und beleben
wie das Essen auf dem Teller.

Segne uns mit deiner Gegenwart,

die uns – wie der Nachtischlöffel auf dem Tisch – hoffen
lässt,

dass du das Beste für den Schluss aufgehoben hast.

Amen.

50 Diejenigen nicht vergessen, die wir einmal sein werden

Als ich noch einem anständigen Beruf nachging und nicht bis mittags im Schlafanzug zu Hause saß, um ein paar Wörter in die Tasten zu hämmern und nebenher das Essen verbrennen zu lassen, habe ich eine Zeit lang als Krankenschwester in der ambulanten Pflege gearbeitet. Die Arbeit und die Begegnungen mit den alten und kranken Menschen in ihrem Zuhause hat mir meistens Freude gemacht. Nur den Wochenenddiensten habe ich immer mit Besorgnis entgegengesehen. Wir waren weniger Personal, und die Touren, die wir sonst unter der Woche zu zweit erledigten, wurden zusammengelegt. Ich startete früh am Morgen. In Höchstgeschwindigkeit verabreichte ich Spritzen, versorgte Wunden, kontrollierte Medikamenteneinnahmen, säuberte Gebisse und die dazugehörenden Menschen. Kaum hatte ich die alten Menschen, die geduldig auf mich gewartet hatten, begrüßt, war ich auch schon wieder auf dem Sprung zum nächsten Patienten. Gegen Abend wurde es dann etwas ruhiger. Da konnte ich mir ein bisschen mehr Zeit nehmen und nachfragen, wie der Sonntag so verlaufen war. Unter den Erzählungen lag oft ein ganzer See von Traurigkeit über die einsamen und viel zu ruhigen Stunden dieses Tages. Manche waren einfach nur froh, wenn sie ein bisschen reden konnten. „Schwester, holen Sie doch bitte noch mal das Fotoalbum aus dem Regal!", bat ein alter Mann oft freundlich. Und dann setzte ich mich mit ihm auf das Sofa, und wir schauten zusammen die Fotos der Menschen an, die sein Leben ausgemacht hatten und die er nun so schrecklich vermisste. Immer schwang auch eine große Dankbarkeit in seinen Erzählungen, und ich bin ganz erfüllt nach Hause gegangen. Diese tapferen, alten Menschen erinnern mich daran, dass das Leben sich verlangsamen wird. Für uns alle. Dann nicht mehr als Kür, als Möglichkeit, unser volles Leben zu entschleunigen, sondern als Pflicht. Wie gut, wenn man dann schon ein wenig geübt hat und die ruhigen Stunden wie einen vertrauten Freund willkommen heißen kann, der uns auf der letzten Wegstrecke begleiten wird. Ich habe großen Respekt vor Menschen, die sich mit dankbarem Herzen dem Altwerden stellen! Ich hoffe sehr, dass mir das auch einmal gelingt. Noch ist es nicht so weit. Ich habe zwar nicht mehr die Kraft, sonntags energiegeladen von einem Haus zum anderen zu rennen, aber ich bin auch noch ein ganzes Stück von den gezwungenermaßen sehr ruhigen Sonntagen entfernt. Aber sie werden kommen. Die Stunden, an denen ich sonntags am Fenster stehe und auf Hilfe warte für alles, was ich nicht mehr allein hinbekomme. Und wie froh werde ich dann sein, wenn sich jemand die Zeit nimmt, mit mir durch meine Erinnerungen zu blättern. Ab und zu ist es gut, dass man sich „voraus-erinnert". Damit wir schon heute diejenigen nicht vergessen, die wir einmal sein werden.

Der Sonntagsanruf

Spätestens am Sonntagabend läutete das Telefon. Mama war am Apparat. „Ich höre gar nichts mehr von euch. Was macht ihr? Wie geht es euch?" Und ich – gleich in Verteidigungshaltung – habe ihr gesagt, dass wir doch erst vor zwei Tagen telefoniert hätten. Ich habe es damals nicht verstanden, dass der Sonntag der Tag war, an dem die Stille in ihren Ohren klang. An dem meine sonst immer so beschäftigte Mama am Küchentisch saß, leer gewordene Plätze betrachtet hat und das Vermissen groß wurde. Kein Kinderlachen und kein Gepolter mehr. Und auch kein Ehemann mehr, mit dem man in Erinnerungen kramen könnte – mit einem dankbaren: „Weißt du noch?" „Ich höre gar nichts mehr von euch." Ich, so ganz im Sprint des Lebens, habe oft kaum hingehört und das Telefonat möglichst rasch beendet.

Nach ihrem Tod hatte ich eine Zeit lang noch ihre Nummer in meinem Telefon gespeichert. Und wenn ihr Bruder, der ein Stockwerk tiefer wohnte und dieselbe Nummer hatte, bei uns anrief, stand da „Mama" im Display. Und – ach – welche Sehnsucht das geweckt hat!

Wie lange ich es manchmal läuten ließ, einfach um der Vorstellung Raum zu geben, sie würde tatsächlich noch einmal anrufen! Ich würde losrennen, mit dem Telefon in der Hand, mich in meinem Zimmer einschließen und sagen: „Mama, liebe Mama, ich höre gar nichts mehr von dir! Was machst du? Wie geht es dir?" Und ich würde mich entschuldigen, weil mir inzwischen so viel klar geworden ist. Was sie alles geleistet hat. Und wie gut sie das gemacht hat: mit dem Loslassen der Kinder, des Ehemanns, mit dem Stillwerden, dem Abschiednehmen.

Ihr Testament hat sie fein säuberlich für meine Schwester und mich aufgeschrieben und abgelegt. Darin hat sie nicht viele Worte gemacht. Sie hat uns aufgeschrieben, wie wir ihre Möbel am besten entsorgen und wie wir ihr Grab bepflanzen könnten. (Beides so, dass wir möglichst wenig Arbeit haben werden!) Und dann schrieb sie uns den aaronitischen Segen:

Der Herr segne euch und behüte euch.
Er lasse sein Angesicht über euch leuchten
und sei euch gnädig.
Er erhebe sein Angesicht über euch
und schenke euch seinen Frieden.

Schalom. Ein Abschiedssegen für uns Kinder.
Wie ein letzter Anruf aus der Ewigkeit.

51 Den Segen mitnehmen

Gestern war ein Sonntag, den ich gerne noch ein wenig verlängert hätte. Freunde sind spontan nach dem Gottesdienst mit zu uns gekommen. Wir gingen spazieren, tranken einen späten Kaffee und saßen in der Abenddämmerung noch zusammen am Kamin. (Es sind die ersten kühlen Herbsttage, und wir können endlich wieder Feuer im Ofen machen!) Wir hatten schon diesen Moment erreicht, an dem wir uns alles von der Seele geredet hatten. Der richtige Zeitpunkt, um Urlaubspläne genüsslich auszubreiten und noch ein wenig davon zu träumen, dass wir unseren Lebensabend gemeinsam verbringen könnten. Nun saßen wir einfach nur da, mit einer Tasse Tee in der Hand, und beobachteten die Glut des heruntergebrannten Feuers, während die Kinder ein Stockwerk höher friedlich spielten. Irgendwann fiel unser Blick zur Uhr, und wir stellten erschrocken fest, wie spät es schon war. Die gemütliche Stimmung war vorbei. Die Freunde trieben die Kinder zum Aufbruch, denen in diesem Moment noch einfiel, wie hungrig sie eigentlich waren. Schnell schmierten wir noch ein paar Butterbrote für ihre Fahrt (köstliches, selbst gebackenes

Kürbisbrot von unserem Schwager), und dann nahmen wir Abschied voneinander. „Schön war's", seufzte ich, während wir die Schabbatkerze löschten und gemeinsam den Tisch abräumten. Das Kind begann damit, seinen Schulranzen für den nächsten Morgen zu richten – wie immer mit der bangen Frage, ob sein Freund wohl morgen an der Bushaltestelle auf ihn warten würde –, und der Mann eilte zur Garage, um für einen frühen Arbeitstermin sein Auto zu beladen. Sonntagabend, 20 Uhr. Der Alltag kehrte wieder bei uns ein. In der jüdischen Tradition wird dieser Übergang vom Feiertag zum Werktag mit einer kleinen Zeremonie für alle Sinne gefeiert, genannt *Hawdala. Hawdala* bedeutet „Trennung", und es ist der Moment, in dem die Festfreude und der Friede des Schabbats, der sich nun seinem Ende zuneigt, noch einmal ganz bewusst aufgenommen wird. Man zündet eine geflochtene Kerze aus mehreren Dochten an, betrachtet die hell flackernde Flamme und lässt ihren Schein noch ein wenig auf den Handflächen tanzen. Man nimmt einen Schluck aus einem Becher Wein und erinnert sich noch einmal an die Süße und Freude des Schabbats. Manchmal wird auch ein Rest des Weins auf einen Untersetzer gegossen, was den Wunsch ausdrückt, dass die Freude des Schabbats auch in den Alltag überschwappen möge. Zum Schluss wird noch an einer Dose mit Gewürzen gerochen, die einerseits noch einmal an den Geruch des Schabbats erinnern und andererseits wach machen sollen für die Arbeit, die nun wieder zu tun ist. Man dankt Gott, dass er die Trennung gemacht hat zwischen Licht und Finsternis, Tag und Nacht, Arbeits- und Ruhetagen, zwischen Heiligem und Gewöhnlichem. Dann wird die Kerze gelöscht, indem man sie in den Wein taucht. Und damit ist der Schabbat offiziell beendet.

Auch wenn wir sonntagabends, außer dem Löschen der Schabbatkerze, bisher kein festes Ritual haben: Ich finde es eine schöne Sache, eine gute Zeit ganz bewusst abzuschließen. Und wie ein Vesperbrot kann man den Segen dieses Tages einpacken und sich dann wieder gestärkt darauf ausrichten, was noch an Aufgaben in dieser Welt auf uns wartet.

Segen auf den Weg

Auch wenn wir Christen den Sonntag nicht so bewusst beenden, gibt es doch ein festes Ritual, das wir in den meisten unserer Gottesdienste zum Abschluss pflegen: der Segen. Wir senken unsere Köpfe, manche von uns halten ihre Hände wie eine Schale vor sich, um sich bewusst zu machen, dass wir diesen Segen auffangen und mitnehmen wollen – in die Woche hinein, die vor uns liegt. Ich habe auch schon erlebt, dass der Pfarrer oder der Priester ein Kreuzzeichen mit Öl auf die Stirn jedes Einzelnen gemacht hat. Und an besonderen Festtagen bekamen wir in meiner Heimatgemeinde beim

Verlassen der Kirche eine brennende Kerze in die Hand gedrückt. Alles das sind kleine Erinnerungen, das Gute, das wir hier empfangen haben, mitzunehmen.

Hier drin leuchtet's!

Manchmal wird mir am Sonntagabend das Herz ganz schwer. Wenn ich die Kerze ausblase und an die kommende Woche denke – an meine Alltagsherausforderungen und die ganzen Nöte dieser Welt –, dann kommt mir vieles recht düster und bedrohlich vor. Und nicht selten wollen sich dunkle Gedanken auf mein Herz legen. Aber dann will ich mich an das erinnern, was Jesus gesagt hat. Er, Licht und Hoffnung dieser Welt, spricht mir und allen seinen Nachfolgern zu, dass wir Licht sind und dass wir den würzigen Geschmack von Gottes gutem und unaufhaltsam kommendem Reich in diese Welt bringen![64] Wenn ich in den Spiegel schaue, denke ich: „Echt jetzt, Jesus?" Meinst du damit auch mich? Ich spüre ehrlich gesagt oft so wenig von dem Leuchten in mir. Dann schließe ich für einen Moment die Augen. Lege meine Hand auf mein schlagendes Herz. Und ich sage mir: Irgendwo hier drin leuchtet's. Da ist Jesus. Mein Schalom. Mein Segen. Mein großes Daseins-Glück.

Und dass da etwas durchscheint aus meinem Leben, vielleicht gerade an meinen zerbrochenen Stellen, das will ich immer wieder so trotzig und hoffnungsfroh glauben, wie es Johanna Klöpper ausdrückt: *„Gott hat gesagt,* *dass wir das Licht der Welt sind. Ja, das hat er. Das ist kein Befehl, keine Vorgabe und kein ,Du sollst'. Das ist ein Kompliment."* [65]

Und dafür sage ich einfach „Danke!". Und nehme den Segen mit.

52 Zu guter Letzt

„Der Mensch ist unterwegs zum siebten Tag. Dem ewigen Ruhetag."[66]

Tomas Sjödin

Manche Sonntage hinterlassen nicht das Gefühl bei uns, dass wir Gesegnete sind. Feiertage, die weniger angefüllt sind mit Gutem, sondern mit Schmerzen, Einsamkeit und Enttäuschungen. Ich denke an die Freundin, die sich im Moment durch eine schwere Chemotherapie quält, während ihr kleiner Junge darauf hofft, dass sie endlich wieder mit ihm spielen und toben kann. Ich denke an die Kinder mit Behinderung, mit denen ich die Sonntage nicht selten in einem Wartezimmer der Kinderambulanz verbracht habe. Und wie viele Tränen von Trauernden, Einsamen und Enttäuschten sind wohl an einem Sonntag geflossen? Wie viele verzagte Gebete sind schon an einem Sonntagabend ins Dunkel gefallen, dass die Kraft für die kommende Woche doch hoffentlich irgendwie reichen möge? Und es gibt Sonntage, die so wenig Rast und Ruhe bieten, die so wenig zum Genießen einladen, dass wir einfach nur froh sind, wenn sie zu Ende gehen.

Neulich war so ein Sonntag. Von morgens bis abends haben mich mal wieder Migräneschmerzen geplagt. Mit verschwommenem Blick las ich darüber, wie Jesus am Schabbat seine Hand ausstreckte, um zu heilen. Und zum ersten Mal habe ich mich gefragt, ob er es wohl mit voller Absicht getan hat, gerade an diesem Tag zu heilen. Vielleicht war es ein sichtbares und dringend nötiges Zeichen – nicht nur für die glücklichen Geheilten, sondern für alle, die an diesem Tag in der Synagoge waren. Die frohe Botschaft seines Handelns war: Der Erlöser ist da. Aber auch: Da ist ein Schabbat, der noch aussteht! Ein Tag, an dem Jesus alles Verkrümmte aufrichten und alles Verkrüppelte heil machen wird. Es wird ein Schabbat kommen, an dem kein Kind mehr um seine Mutter weint und keine Mutter um ihr Kind. Ein Tag ohne Kriege und Krisen und Schmerzen und Einsamkeit. Der Theologe Gudio Baltes schreibt darüber:

„Wenn ein Mensch heil wird oder die Welt besser wird, dann ist das kein Bruch des Schabbats, sondern genau das, wofür der Schabbat da ist: ein Vorgeschmack auf die kommende Welt. Der Schabbat ist der Tag, an dem die Welt vollendet wird. Das Zerbrochene wird heil. Das Unvollkommene vollendet." [67]

Wie gut tut es, das zu hören (und zu glauben!): Wir leben nicht dem Weltuntergang, sondern der Vollendung dieser Welt entgegen! Und wie sehr brauchen wir diese Hoffnungszeichen! Sonntage, an denen Gott voller Barmherzigkeit seine Hände ausstreckt: in den

Gottesdiensten, in Krankenzimmern, in den stillen Räumen, in denen das Vermissen groß ist. An denen wir seine heilende Nähe erleben und sein liebevolles Flüstern vernehmen: Ich sehe dich! Ich weiß um deinen Schmerz und wie wenig „sonntäglich" es sich heute für dich anfühlt. Aber mein Kind: Ein Sonntag steht noch aus! Ein Festtag, an dem die letzten Tränen getrocknet werden, an dem sich alles in Wohlgefallen auflösen wird und wir zusammen feiern werden. Das ist die Hoffnung, mit der ich leben darf. Mit der Zuversicht, dass *„das, was kommt, entscheidender ist als das, was war"!*[68]

Wenn ich es mir so überlege, dann würde es mich nicht überraschen, wenn Jesus an einem Sonntag wiederkommt.

Der Tag, an dem ganz Israel den Schabbat hält

Jeder Schabbat wird immer auch mit der Sehnsucht auf den Tag gefeiert, an dem der Messias kommen und alles wiederherstellen wird. Nach einer Überlieferung im Talmud gehen viele Juden davon aus, dass das erst dann geschehen wird, wenn ganz Israel den Schabbat hält und alle gemeinsam den Messias wie eine Braut begrüßen. Wir Christen glauben an eine andere Reihenfolge: Jesus, unser Messias, wird wiederkommen (und wann das ist, weiß Gott allein!), er wird seine Braut begrüßen, die er geheiligt und bereit gemacht hat durch seine Versöhnung am Kreuz. Er wird Gerechtigkeit bringen für alle Leidenden und Unterdrückten. Er wird ewigen und wahren Frieden schaffen – alle Teile zusammenfügen und alles vollenden. Wir werden ankommen an unserem Heimatort, dort, wo die Quellen von „*Menuchot*"[69] fließen, wo die langen Tafeln schon festlich gedeckt sind, wo Weingläser zum Überlaufen gefüllt werden und unfassbar leckeres Slow Food aufgetragen wird. Kerzen werden leuchten und Girlanden in blühenden Bäumen hängen, und darunter wird der Vater uns voll Glück entgegeneilen, um uns zu segnen. Und Jesus wird strahlend danebenstehen und mit einem Augenzwinkern in unsere Richtung diese kleine Geste machen, die wir an ihm so lieben. So zumindest male ich mir das in meinen irdischen Sonntagsstunden aus. Die gesamte Schöpfung wird aufatmen und sich erholen und Gott wird Ruhe schaffen, wie am ersten Tag UND DANN, liebe Freunde, werden wir, zusammen mit ganz Israel, den wahrhaft besten Schabbat feiern!

Maranatha!
Komm, Herr Jesus.
Ach, komm bald!

Danke!

Vor einiger Zeit wurde mein Kind in der Schule gefragt, welchen Beruf seine Mutter hat. Voller Stolz antwortete er: „Sie liest Bücher." Und genau so ist es. Ich fühle mich viel mehr als Lesende (und Lernende) wie als Schreibende. Und dieses Buch habe ich vor allem deshalb geschrieben, weil ich so viel Gutes zu diesem Thema gelesen habe. Ich möchte an dieser Stelle den Autoren von Herzen danken und auf ihre Bücher zu diesem Thema hinweisen, die mich ganz besonders inspiriert und gesegnet haben:

- Danke, *Marva Dawn*, für „Keeping the Sabbath wholly".
- Danke, *Wayne Muller,* für „Restoring the sacred rhythm of rest".
- Danke, *Tomas Sjödin*, für „Warum Ruhe unsere Rettung ist".
- Danke, *John Mark Comer,* für „The ruthless Elimination of hurry".

Und ich danke den Mitarbeitern vom Verlag Gerth Medien für jede gute Geschichte, die ihr uns Lesenden anbietet, und dafür, dass ich dieses Buch schreiben durfte.

Von Herzen danke an meine Lektorin Sigrid Offermann. Was für ein Geschenk, liebe Sigi, dass wir uns wiedergefunden haben und dass wir nicht nur unsere gemeinsame Heimat und Kindheitserinnerungen teilen, sondern auch die Liebe zu Wörtern. Danke für deinen Einsatz für dieses Buch und für tausend korrigierte Satzzeichen.

Jesus, mein Ruheort. *Feeling felt*. Ein Leben lang in deiner Nähe. Danke.

Zuletzt danke ich jedem, der das tut, was ich so liebe: lesen. Danke für die Zeit, die ihr diesem Buch geschenkt habt! Von Herzen hoffe ich, dass es eure Sonntage und euer Leben bereichert.

Anhang

To-stop-Liste

Mir hilft es, samstags eine innere Liste der Dinge zusammenzustellen, die ich erledigen will, damit ich am Abend alles ruhig aus der Hand legen kann, ohne innerlich total gestresst zu sein. Je länger ich das tue, umso mehr geht es inzwischen an den meisten Samstagen in eine gewohnte Routine über, die mit der Vorfreude auf den kommenden Ruhetag verbunden ist. Hier ist meine To-stop-Liste:

- Die Wohnung einigermaßen (!) sauber machen. Ich weiß: Das ist ein sehr dehnbarer Begriff. Auf einem Blog habe ich den Tipp gelesen, man möge sich doch überlegen, welche Fläche oder welcher Raum in der Wohnung für das innere Wohlbefinden sauber sein muss. In manchen Lebensphasen ist es vielleicht nur das: ein sauberer Esstisch. Eine eingeräumte Spülmaschine. Oder ein gesaugter Boden. Und gut ist.

- Einen Blick in den Kühlschrank werfen und überlegen, ob ich noch jemanden zum Einkaufen schicken soll. (Ein einfaches Sonntagsessen überlegen!) Rechtzeitig entscheiden, ob ich ein Challa backen möchte, und den Hefeteig am Nachmittag zubereiten.

- Falls ich Aufgaben für den Gottesdienst übernommen habe: Vorbereitungen abschließen. Auch wenn die Predigt noch einen letzten Schliff vertragen könnte. Auch wenn man das Lied noch einmal üben könnte: Jetzt lasse ich es gut sein!

- Schulsachen werden aus dem Weg geräumt, der Laptop zugeklappt, und alles, was an Arbeit erinnert, verschwindet (siehe auch: Die Decke der Gnade).

- Anrufe, WhatsApp-Nachrichten und alles, was noch unbedingt für den Sonntag zu organisieren ist, erledigen, bevor ich das Handy ausschalten kann.

- Wäsche aus der Waschmaschine noch aufhängen und aufgehängt lassen bis Sonntagabend! (Oder Wäschewaschen ganz auf Montag verlegen.)

- Sonntagsbegrüßung auf den Tisch: eine schöne Tischdecke, die Schabbatkerze. Manchmal, je nach Jahreszeit, hole ich auch ein paar Blumen oder Zweige von draußen. Das alles versetzt mich in Vorfreude auf den kommenden Ruhetag.

- Um 19 Uhr die Familie zusammenrufen, um die Kerze anzuzünden.

Schabbat Schalom!

(Und wenn das alles mal nicht klappt, weil das Leben dazwischenkommt, einfach am nächsten Samstag weiterüben.)

Anmerkungen und Quellenverzeichnis

1 Papst Benedikt XVI.: „Jesus von Nazareth", Band 2 © Herder Verlag 2011, S. 284

2 Siehe 5. Mose 33,12: Hier spricht Mose den Segen über dem Stamm Benjamin aus: Er darf zwischen den Schultern Gottes wohnen (Lutherübersetzung).

3 Wayne Muller: „Schabbath, Restoring the sacred Rhythm of rest" © Bantam book 1999, S. 160

4 Abraham Joshua Heschel: „The Schabbath" © Farrar Strauß Giroux 1951, S. 11

5 Walter Brueggemann: „Sabbath as resistance" © John Knox Press 2014

6 Barbara Brown Taylor:„An altar in the world" © Harper Collins 2000, S. 130

7 Guido Baltes: „Die verborgene Theologie der Evangelien" © Francke Verlag 2020, S. 198

8 Heschel, ebd., S. 9

9 Heute werde ich nichts kaufen!

10 So gelesen in: Dr. Ludwig Neidhard, „Erläuterung zum Schabbat- und Sonntagsgebote", Oktober 2015, S. 14

11 Nach Eugene H. Peterson: „The Message – the bible in contemporary language" © Navpress, Matth.12,7

12 Markus 2,27

13 Markus 3,4 – frei übersetzt nach: „The Message", ebd.

14 Wayne Muller, ebd., S. 132

15 Wayne Muller, ebd., S. 137

16 Helmut Thielicke: „Das Bilderbuch Gottes" © Quell-Verlag 1957, S. 105

17 Brueggemann, ebd., S. 67

18 Tomas Sjödin: „Wo du richtig bist" © SCM Verlag 2007, S. 186

19 Joshua Becker: „Clutterfree with kids" © JoshuaBecker 2014, S. 31

20 NGÜ = Neue Genfer Übersetzung, Genfer Bibelgesellschaft Lausanne, 1. Auflage 2011

21 Lea Fleischmann: „Schabbat, das Judentum für Nichtjuden verständlich gemacht" © Rasch und Röhring 1997, Hamburg, S. 150

22 Markus 8,3, nach der Bibelübertragung „Willkommen daheim" © Gerth Medien 2009

23 „The Message, the bible in contemporary language" © Navpress, 2002

24 Samer Tannous und Gerd Hachmüller: „Kommt ein Syrer nach Rotenburg" © Verlagsgruppe Random House 2020, S. 149

25 Tomas Sjödin: „Warum Ruhe unsere Rettung ist" © SCM-Verlag 2016, S. 79 und 80

26 John Mark Comer: „The Ruthless Elimination of Hurry" © Waterbrook 2019, S. 225

27 Barbara Brown Taylor, ebd., S. 132

28 So beschrieben unter anderem bei Muller „Schabbath", ebd., S. 1 und S. 36

29 Dallas Willard: „The divine conspiracy" © HarperCollins 1998, S. 394

30 Psalm 23,2

31 Heschel: „The Sabbath", ebd., S. 22

32 Marva J. Dawn: „Keeping the Sabbath wholly" © Erdmans Publishing Co, 1989, S. 61

33 Comer, ebd., S. 236 ff

34 Jürgen Johannesdotter, Kommunitätsbischof der EKD, in einer Rezension zu dem Buch „Wie Gefährten leben"

35 Ernst Boyer: „A way in the world, family life as spiritual discipline", S. 103

36 Siehe die Erklärung von Bernhard Ott: „Schalom – das Projekt Gottes" © Agapeverlag 1996, S. 14 und 15

37 Lauren F. Winner: „Sabbat im Café" © Gütersloher Verlagshaus 2006, S. 117

38 Sjödin: „Wo du richtig bist", ebd., S. 46

39 Eugene Petersen: „The Pastors Schabbath Leadership", © Spring 1985, S. 53

40 Thomas Härry: „Voll Vertrauen" © SCM R.Brockhaus 2011, S. 102

41 Sjödin: „Warum Ruhe unsere Rettung ist", ebd., S. 160

42 Ronald Rolheiser: „Forgotten among the lilies, © Doubleday 2004, S. 16

43 Kathy Escobar im www.shelovesmagazine.com, 2017: „Slow everything down"

44 Muller: „Schabbath", ebd., S. 4,

45 OJC Kommunität mit Dominik Klenk: „Wie Gefährten leben – eine Grammatik der Gemeinschaft" © Brunnen Verlag 2013, S. 104

46 Sjödin: „Warum Ruhe unsere Rettung ist", S. 93 und S. 98

47 Fleischmann: Schabbat, ebd., S. 172

48 Dawn, ebd., S. 186

49 Z. B. das Salböl in der Stiftshütte, das nur dort und niemals im Haushalt verwendet werden durfte: 2.Mose 30,31 ff

50 Gelesen auf www.chabad.org, jüdischer Alltag, vom Rabbiner Aron Moss

51 „G-tt" ist eine Schreibweise frommer Juden, die es vermeidet, den vollen Namen Gottes auszuschreiben, um ihn nicht zu beschmutzen oder zu missbrauchen, weil ihnen der Name heilig ist. Deshalb habe ich es im Zitat auch so stehen lassen.

52 Henri J. M. Nouwen: „Nimm sein Bild in dein Herz" © Herder Verlag 1991, S. 20

53 Franz Jalics: „Kontemplative Exerzitien" © Echter Verlag, 2009, S. 35

54 Frei übersetzt aus Lauren Winner: „Still, Notes on a midfaith crisis" © HarperOne 2013, S. 150

55 Aus „The Message, devotional Bibel", featuring notes & reflections from Eugene H. Peterson, Nav.Press, Colorado Springs, 2018, a contemplation reading on Zephania 3, frei übersetzt von der Autorin

56 Winner, ebd., S. 16

57 Dawn, ebd., S. 178

58 Frederick Buechner: „Telling secrets © Harper Collins 1991, S. 102

59 Frederick Buechner: „Beyond words" © Harper One 2004, S. 317

60 Zborowski and Herzog: „Life is with the people" © Schocken Books 1952, S. 37 ff

61 So erzählt es Jesus in Matthäus 25, 35 ff

62 Christina Schöffler: „Warum ich da noch hingehe", © Neukirchener Verlag 2017

63 So beschrieben auf www.hagalil.com: Das Einzel- und Gemeindegebet

64 Siehe Matthäus 5,13 ff

65 Johanna Klöpper: „Leben ist das neue Sterben" © SCM Verlag 2015, S. 124

66 Sjödin: „Warum Ruhe unsere Rettung ist", ebd., S. 175

67 Baltes, ebd., S. 206

68 Sjödin: Warum Ruhe unsere Rettung ist, ebd., S. 180

69 Ruhe (s. Psalm 23: Er führet mich zu den Wassern der Ruhe.)

© 2022 Gerth Medien
in der SCM Verlagsgruppe GmbH,
Dillerberg 1, 35614 Aßlar

1. Auflage 2022
Bestell-Nr. 817888
ISBN 978-3-95734-888-3

Umschlaggestaltung: Mareike Schaaf
Umschlagfoto: Paladin21, Shutterstock
Satz: Greiner & Reichel, Köln
Druck und Verarbeitung: FINIDR s. r. o.
Printed in Czech Republic

www.gerth.de